Frank und Sandra Müller

Feedback-Methoden für guten Unterricht

Klasse 3–10

Ideen und Übungen zur Förderung der Feedback-Kultur

Verlag an der Ruhr

Impressum

Titel
Feedback-Methoden für guten Unterricht
Ideen und Übungen zur Förderung der Feedback-Kultur, Klasse 3–10

Autorenteam
Sandra und Frank Müller

Umschlagmotiv
Zielscheibe: © Martial Red – Shutterstock.com

Druck
Athesia Druck GmbH, Bozen, IT

Verlag an der Ruhr
Mülheim an der Ruhr
www.verlagruhr.de

Geeignet für die Klassen 3–10

ISBN 978-3-8346-6558-4

PEFC-zertifiziert
Dieses Produkt stammt aus nachhaltig bewirtschafteten Wäldern und kontrollierten Quellen
www.pefc.de
PEFC/18-31-166

Inhalt

Inhalt

Vorwort

In seinem bahnbrechenden Buch „Visible Learning" (deutscher Titel: „Lernen sichtbar machen") hat der neuseeländische Professor für Erziehungswissenschaften und Direktor des *Melbourne Education Research Institute* **John Hattie** mit seinem Team die weltweit größte Sammlung empirischer Forschung zum Themenfeld „Lernen" zusammengestellt.[1]

Konkret geht es um eine Auswertung von 800 Metaanalysen mit mehr als 50.000 Einzeluntersuchungen zu den Faktoren, die das Lernen beeinflussen. Dahinter steht der Anspruch, zentrale Fragen der Bildungsforschung, wie zum Beispiel „Was ist guter Unterricht?" oder „Was bringt wirklich etwas in Bezug auf den Lernerfolg?", zu beantworten.

In einer umfangreichen Rangliste verschiedener Einflussfaktoren (252 Einflussgrößen) werden sowohl sehr positive als auch äußerst negative Effekte für den Lernerfolg aufgelistet. Zu den wesentlichen Einflussfaktoren neben „Selbsteinschätzung des eigenen Leistungsniveaus", „Klarheit der Lehrperson" und „Lehrer-Schüler-Beziehung" zählt auch das „Feedback". Dieses dient in hervorragendem Maße dazu, den Lernprozess effizienter zu gestalten. Hattie platziert Feedback in seiner Rangliste unter den Top 10.

Begrifflichkeit

Seinen Ursprung hat der Begriff „Feedback" im Englischen. Übersetzt bedeutet er „Rückmeldung", „Rückkopplung" oder „Rückinformation". Feedback kann sowohl positiv im Sinne von „loben" als auch negativ im Sinne von „kritisieren" ausgedrückt werden.

Feedback in der Schule

Wer im schulischen Kontext Leistung erbringen soll, hat auch einen Anspruch darauf, zu erfahren, wie erfolgreich diese Leistung erbracht wurde.

Es ist erwiesen, dass Menschen besonders gut lernen, wenn die Ergebnisse ihrer Handlungen mit einer Rückmeldung gekoppelt werden. Eine solche Rückinformation ist ein wesentliches Element in jeder menschlichen Kommunikation. Feedback bedeutet immer, seinem Gegenüber mitzuteilen, wie sein Verhalten von anderen wahrgenommen, verstanden und erlebt wird.

Schülerinnen und Schüler lernen dann besonders gut, wenn sie sich zum Beispiel nach einer gemeinsamen (Partner- oder Gruppen-)Arbeit gegenseitig Feedback geben und somit gleichzeitig Rückmeldungen ihrer Teamkolleginnen und -kollegen erhalten. Dadurch ist es auch möglich, die eigene Selbstwahrnehmung mit einer Fremdwahrnehmung zu vergleichen.[2]

Dabei ist Feedback immer als ein Geschenk zu betrachten und wie bei allen Geschenken entscheidet letztlich die Empfängerin oder der Empfänger selbst, ob und wie es angenommen wird. Die Feedbacknehmenden bestimmen über eigene Verhaltensänderungen, niemals die Feedbackgebenden.

Gelungenes Feedback

Eine gute Rückmeldung zu erhalten, erfüllt mehrere Komponenten.
Feedback soll unter anderem ...

- positives/gewinnbringendes Verhalten stärken,
- negatives Verhalten abstellen oder zumindest minimieren,
- Weiterentwicklung bewirken,
- Arbeitsweise und Arbeitsergebnisse verbessern,
- Erfolge sichtbar machen,
- eventuelle Konflikte vermeiden,
- das Selbstbewusstsein stärken.

---

[1] vgl. Hattie, J. (2021): Lernen sichtbar machen für Lehrpersonen. Baltmannsweiler. Schneider Verlag Hohengehren.
[2] vgl. Müller, F. (2018): Praxisbuch Differenzierung und Heterogenität. Weinheim und Basel. Beltz-Verlag.

Vorwort

Ein gutes Feedback ist immer ...

... anerkennend:
Betonen Sie immer positive Verhaltensweisen. Sie sollten unbedingt auf Anschuldigungen verzichten.

... direkt:
Geben Sie Ihre Rückmeldung zeitnah. So können Sie auf Wesentliches, aber auch auf Details eingehen, die sowohl bei den Feedbackgebenden als auch bei den Feedbacknehmenden präsent sind. Ansonsten verblasst der direkte Bezug zur angesprochenen Situation.

... wertschätzend:
Formulieren Sie nie verletzend, greifen Sie nie Ihr Gegenüber an und verfolgen Sie nie nur Ihre eigenen Interessen. Eventuell sollten Sie Ihr Feedback auch dosieren. Kleine und langsame Schritte führen häufig sicherer zum Ziel. Lassen Sie immer Platz für Rückfragen; fordern Sie diese ggf. freundlich ein.

... lobend:
Bauen Sie Ihre Feedbacknehmerinnen und Feedbacknehmer auf, ermutigen Sie sie für gelungene Aktivitäten. Sie sollten daher darauf achten, mehr positive als negative Rückmeldungen geben.

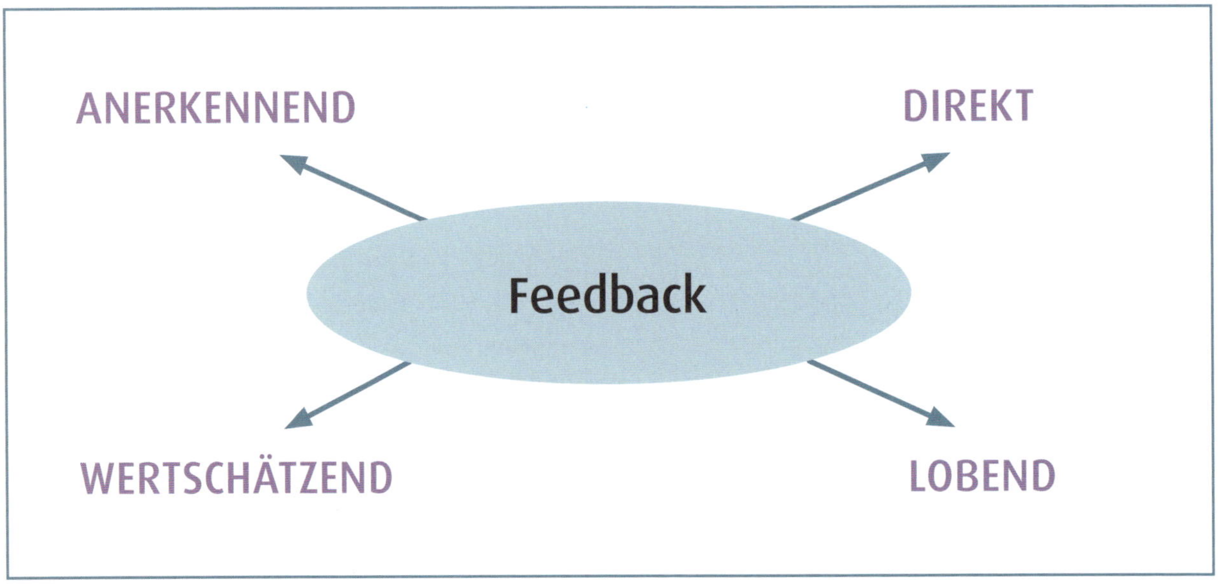

Vorwort

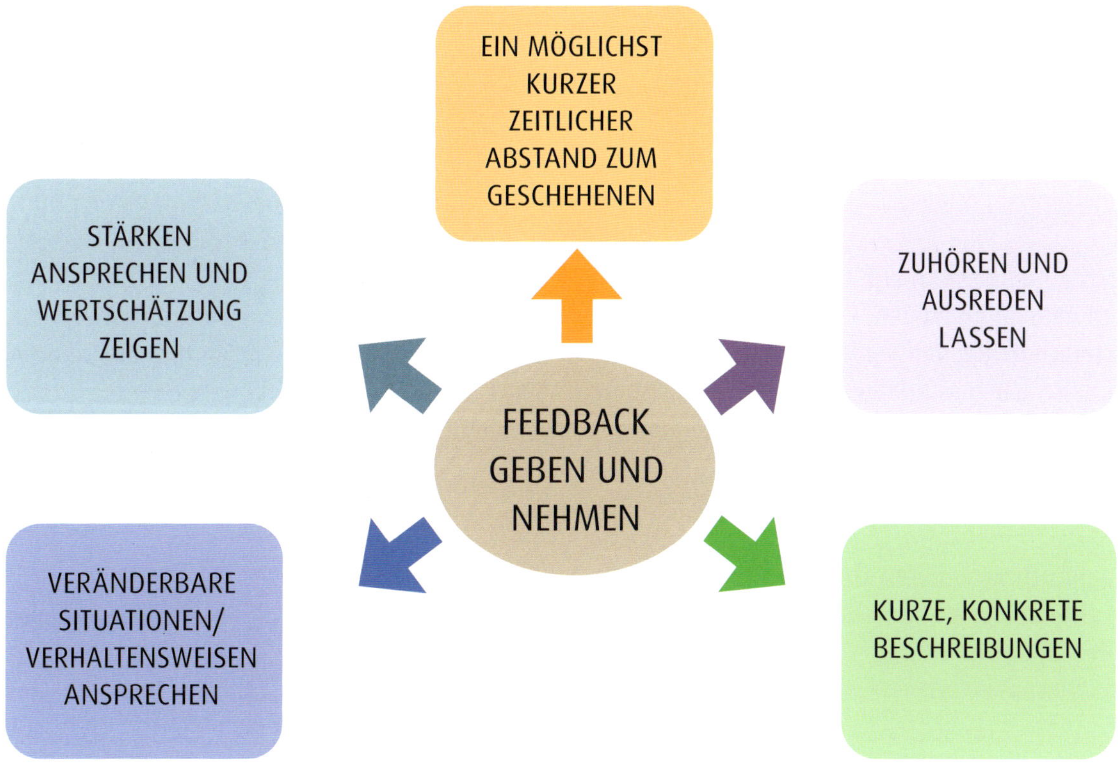

Regeln für eine gute/erfolgreiche Feedback-Kultur[3]

Was ist unbedingt zu beachten?

Um gutes Feedback geben zu können, hilft es den Lernenden, ihnen **Regeln** an die Hand zu geben und Beispiele für **wertschätzende Formulierungen** zu besprechen.

Hilfreiche Satzanfänge:

- „Mir gefällt es gut, dass du ..."
- „Gut gefallen hat mir an deiner Präsentation/an deiner Arbeit/an deinen Formulierungen/an deinen Bemerkungen ..."
- „Ich habe beobachtet, dass ..."
- „Vielleicht könntest du ..."
- „Ich habe den Eindruck, dass ..."
- „Besonders gut gelungen ist dir ..."
- „Ich hätte mir mehr gewünscht, dass ..."
- „Beim nächsten Mal fände ich besser, wenn ..."
- „Bei deiner Arbeit/Aussage/Darbietung vermisse ich ..."
- „Darüber möchte ich gern mehr erfahren ..."
- „Diesen Aspekt fand ich sehr bemerkenswert ..."
- „Habe ich richtig verstanden, dass ..."

Darüber hinaus ist es sinnvoll, den Schülerinnen und Schülern einige **Verhaltensweisen** an die Hand zu geben:

Zum einen sind Ich-Botschaften besonders gut geeignet, denn diese formulieren in erster Linie subjektive Eindrücke vom Gesehenen oder Gehörten. Schließlich geht es nicht darum, wer Recht hat, sondern um persönliche Wahrnehmungen. Dies hat den Vorteil, dass solche Rückmeldungen im Normalfall nicht ignoriert werden. Weiterhin wirkt das geäußerte Feedback nicht verletzend oder gar zerstörend.

---

[3] vgl. Müller, S. (2022): Kreative Lernarrangements. Wege zu einem motivierenden und zielführenden Unterricht. Weinheim und Basel. Beltz-Verlag.

Vorwort

Als Folge davon wird die Rückmeldung erfahrungsgemäß bereitwilliger und mit größerer Offenheit entgegengenommen und akzeptiert. Wenn dann noch Gelungenes in den Vordergrund gestellt oder zumindest ergänzend formuliert wird, hören die Feedbacknehmenden aufmerksamer zu und lassen auch ihr Gegenüber ausreden.

Zum anderen empfiehlt es sich bei Unklarheiten, die Lernenden dazu zu animieren, Fragen zu stellen („Habe ich dich richtig verstanden?", „Kannst du dein Feedback noch genauer erläutern?" oder „Meinst du Folgendes damit ...?").

Für die Feedbacknehmenden sollte gelten: „Ich höre erst einmal aufmerksam zu und lasse diese Bemerkungen auf mich wirken. Erst dann darf ich selbst agieren." Dies fällt manchen Schülerinnen und Schülern schwer, doch erst einmal müssen sie lernen, eine Rückinformation anzunehmen.

Zu den Methoden in diesem Buch

Wir haben in diesem Buch verschiedene Feedback-Methoden und Arbeitsformen gesammelt, die schnell in alltäglichen Unterrichtsprozessen einsetzbar sind. Vier große Feedback-Kategorien sollen Ihnen die Suche nach einer geeigneten Rückmeldung für Ihren Unterricht bzw. für Ihre Schülerinnen und Schüler erleichtern:

- **Feedback für Lehrkräfte – schriftliche Methoden**
- **Feedback für Lehrkräfte – mündliche Methoden**
- **Feedback für Lernende – schriftliche Methoden**
- **Feedback für Lernende – mündliche Methoden**

Nicht alle Methoden lassen sich eindeutig einer dieser vier Kategorien zuordnen. Einige Übungen, Arbeitsformen und Ideen passen sowohl in die eine als auch in die andere Rubrik. Wir haben diese betreffenden Feedback-Methoden dann derjenigen Kategorie zugeordnet, in der wir den größten Ertrag für die Lehrkraft oder die Schülerschaft sehen.

Umgekehrt bedeutet dies: Auch wenn Sie beispielsweise ein mündliches Feedback für Lernende für Ihren Unterricht suchen, sollten Sie zusätzlich noch in andere Rubriken schauen. Denn mit kleinen Modifikationen lässt sich eine Methode mit einem anderen Schwerpunkt umsetzen. Oft genügt ein zusätzlicher Arbeitsauftrag, ein weiterer kleiner Impuls oder eine (mündliche oder schriftliche) Weiterarbeit.

Jede der über 50 Feedback-Methoden wird nach einem einheitlichen Raster dargestellt, das Ihnen den sofortigen Einsatz erleichtern wird:

- **Darum geht's**
  Zunächst wird die Methode (meist mit Zielangabe) kurz erklärt.
- **Kompetenzen**
  Es folgen grundlegende Fähigkeiten, Fertigkeiten und Kenntnisse, die mit diesem Feedback einhergehen. Sie sind in der Abfolge aufgeführt, in der sie normalerweise in der Reflexion vorkommen.
- **Zeitaufwand**
  Die benötigte Zeit, die eine Feedback-Form erfordert, wird ungefähr angegeben.
- **Material**
  Alle notwendigen Arbeitsmaterialien werden unter diesem Punkt aufgeführt.
- **So geht's**
  In diesem Abschnitt wird detailliert erklärt, wie sich die Feedback-Methode in den Unterricht einbinden lässt.
- **Tipps und Hinweise**
  Erfahrungen und Komponenten, die noch genannt werden sollten, hilfreiche „Tricks und Tipps" oder eventuelle Alternativen der Feedback-Methode werden in dieser Rubrik dargestellt.
- **Kopiervorlagen**
  Falls welche vonnöten sind, finden Sie Beispiele auf den folgenden Seiten.

Feedback für Lehrkräfte

schriftliche Methoden

Abb.: Anja Boretzki

Auswertungsgalerie

Darum geht's Eine ausführliche Rückmeldung zu einer Unterrichtsstunde/-einheit erhalten.

Kompetenzen assoziieren, brainstormen, notieren, die eigene Meinung vertreten, beschreiben, beurteilen, erklären, zuhören, nachfragen, kommentieren, diskutieren, bewerten

Zeitaufwand ca. 15–30 Minuten

Material einige Plakate mit formulierten Feedback-Zielen, mehrere Moderationsstifte, ggf. Visualisierungen (Beispiele siehe Bildvorlage S. 11)

So geht's

- Nach der Durchführung einer wichtigen Unterrichtsstunde oder einer Unterrichtsreihe möchten Sie eine Rückmeldung Ihrer Schülerinnen und Schüler erhalten. Dazu bereiten Sie im Vorfeld Plakate mit Feedback-Zielen vor. Erfahrungsgemäß kann dies mit gezielten Fragen oder Aussagen erreicht werden, wie zum Beispiel:
  - „Gut gefallen hat mir ..."
  - „Weniger gut gefallen hat mir ..."
  - „Das hat in meiner Gruppenarbeit gut funktioniert ..."
  - „Was könnte das nächste Mal besser gemacht werden?"
  - „Was nehme ich an fachlichem Wissen mit nach Hause?"
  - „Was hat mir (für meinen Lernerfolg) nicht geholfen?"
  - „Was wäre mir noch wichtig?"
- Es hat sich bewährt, mit geeigneten Visualisierungen, Symbolen, Piktogrammen, Emoticons zu arbeiten, zum Beispiel. „Daumen hoch", „Daumen runter", „Smileys", „gruselige und nette Monster", „Papierkörbe" oder „Reisekoffer" (Beispiele siehe Bildvorlage S. 11).
- Sobald Sie alle Plakate aufgehängt oder ausgelegt haben und mindestens zwei Stifte bei jedem Plakat liegen, sollten Sie in einem Rundgang mit Ihrer Lerngruppe alle „Aushänge" besprechen und erläutern.
- Dann können die Schülerinnen und Schüler in einer Phase (ca. 10 Minuten) ihre Gedanken mit den Stiften auf die passenden Plakate niederschreiben.
- Ein Museumsrundgang aller Lernenden schließt sich an.
- Zudem macht es Sinn, im Unterrichtsgespräch einige Aussagen bzw. Unklarheiten zu thematisieren.

Tipps und Hinweise

- Diese Feedback-Übung kann sowohl in Einzel- als auch in Tandemarbeit erfolgen. Unsichere Lernende können sich eine leistungsstärkere Partnerin oder einen leistungsstärkeren Partner suchen, mit der oder dem die Arbeit gemeinsam erledigt wird.
- Alle oder einzelne Plakate können durchaus häufiger im Schuljahr eingesetzt werden. Dies hat den Vorteil, dass der Vorbereitungsaufwand sinkt und die Schülerinnen und Schüler mit bestimmten Rückmeldestatements vertraut sind.

Auswertungsgalerie

Visualisierungsbeispiele

Was nehme ich an fachlichem Wissen mit nach Hause?

Was möchte ich lieber hierlassen?

Das habe ich neu dazu gelernt:

Bei diesem Thema muss ich noch einmal genauer „hinsehen“:

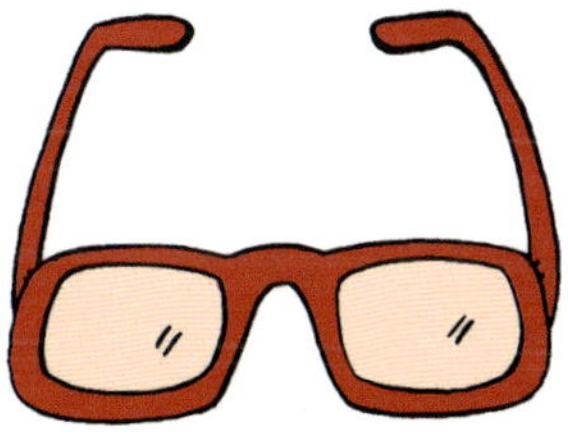

Folgende Fragen bleiben bei mir noch offen:

Dafür hätte ich noch mehr Zeit benötigt:

Die Zusammenarbeit mit meinen Mitschülerinnen und Mitschülern bewerte ich folgendermaßen:

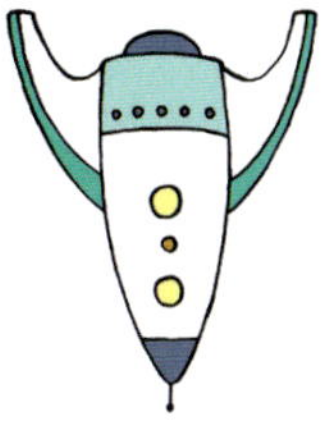

Die Lehrkraft hat die Unterrichtsinhalte wie folgt vermittelt:
(Kreuze an und schreibe etwas zu deiner Bewertung).

 ☐ ....

 ☐ ....

 ☐ ....

Feedback-Bogen für das Schulhalbjahr

Darum geht's Als Lehrkraft ein Feedback zur eigenen Arbeit erhalten.

Kompetenzen einschätzen, beobachten, beurteilen, bewerten, Stichwörter notieren, verbalisieren, vortragen, zuhören

Zeitaufwand ca. 15 Minuten

Material Feedback-Bogen (Beispiel siehe Kopiervorlage S. 13) in Klassenstärke

So geht's

- Diese Feedback-Methode richtet sich an Lehrkräfte, die an einem aussagekräftigen Feedback zu ihrer Arbeit interessiert sind. Teilen Sie dazu Ihrer Lerngruppe am Ende des Schulhalbjahres einen Feedback-Bogen aus (Beispiel siehe Kopiervorlage S. 13).
- Erklären Sie den Lernenden, dass Sie damit gern eine Rückmeldung von ihnen bezüglich folgender Punkte hätten:
  - Fühlen sich die Schülerinnen und Schüler bei der Bewältigung ihrer Aufgaben von der Lehrkraft unterstützt?
  - An welche zwei Unterrichtsthemen oder -reihen können sich Ihre Lernenden noch positiv und detailliert erinnern?
  - Sind die Erklärungen der Lehrkraft hilfreich?
  - Herrscht in der Klasse eine gute Lernatmosphäre?
  - Ist die Anzahl der aufgegebenen Hausaufgaben angemessen?
  - Fühlen sich die Schülerinnen und Schüler von der Lehrkraft ernst genommen?
  - Besteht eine faire Bewertungskultur?
  - Welche Wünsche möchten die Lernenden noch an die Lehrkraft weitergeben?
  - Gibt es noch etwas Ungesagtes, das die Schülerinnen und Schüler der Lehrkraft gern mitteilen möchten?
- Nachdem die Lernenden den Feedback-Bogen ausgefüllt haben, werden im Plenum zunächst zu den einzelnen Fragen die Meinungen Freiwilliger eingeholt.
- Abschließend sammeln Sie die Rückmeldungen ein. Diese können Sie auswerten und gewinnbringend in den nächsten Unterricht einfließen lassen.

Tipps und Hinweise

- Die Schülerinnen und Schüler füllen den Feedback-Bogen bewusst nicht anonym aus. Es ist wie ein Halbjahreszeugnis, das in diesem Fall die Lehrkraft von ihrer Lerngruppe erhält. Die Punkte sollen daher auch wahrheitsgemäß und sorgfältig bearbeitet werden. Der Name der Schülerin bzw. des Schülers bezeugt die individuelle persönliche Wahrnehmung.
- **Wichtig**: Besprechen Sie im Vorfeld mit den Lernenden, dass auch ein negatives Feedback keine Auswirkungen auf das weitere gemeinsame Schulleben hat. Im Gegenteil – manchmal fördern die Rückmeldungen auch die Selbstwahrnehmung der Lehrkraft.
- Bedanken Sie sich nach Durchsicht und Auswertung der Ergebnisse bei den Schülerinnen und Schülern. Denn dies zeigt ihnen, dass Sie auf die Meinung Ihrer Lernenden viel Wert legen, und die Schülerinnen und Schüler werden es Ihnen danken.

So war das Schulhalbjahr für mich ...

Name: ....

Lehrkraft: .... Fach: ....

Ich lerne in Ihrem Unterricht am besten, wenn ...

....

....

Diese 2 Themen haben mir in diesem Schulhalbjahr besonders gut gefallen:

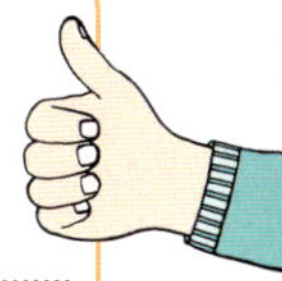

1. ....

2. ....

Ich verstehe, was Sie mir fachlich erklären.	
In Ihrem Unterricht fühle ich mich wohl.	
Sie geben nicht zu viele, aber auch nicht zu wenige Hausaufgaben auf.	
Sie nehmen mich immer ernst.	
Sie bewerten mich fair.	

Das würde ich mir von Ihnen noch wünschen:

....

....

....

....

Feedback-Monster

Darum geht's Ein schnelles und anonymes Unterrichts-Feedback erhalten.

Kompetenzen reflektieren, entscheiden, begründen

Zeitaufwand ca. 5–10 Minuten

Material Rückmeldebogen (Beispiel siehe Kopiervorlage S. 15) in halber Klassenstärke (2 auf 1), Schuhkarton

So geht's

- Teilen Sie jeder Schülerin und jedem Schüler nach einer Unterrichtsstunde einen Rückmeldebogen aus (Beispiel siehe Kopiervorlage S. 15).
- Lassen Sie Ihre Lerngruppe zunächst die drei verschiedenen Monster im Plenum beschreiben. Es fällt auf, dass die erste Abbildung ein fröhliches und die dritte Visualisierung ein finsteres Monstergesicht zeigt. Dagegen hat das mittlere Monster einen unentschlossenen, eher neutralen Gesichtsausdruck.
- Besprechen Sie anschließend mit den Schülerinnen und Schülern ihre Arbeitsaufträge. Dieser beschränkt sich auf zwei Aufgaben:

  1. Kreuze an, welches Monster deine Bewertung des heutigen Unterrichts am ehesten widerspiegelt.
  2. Begründe deine Wahl schriftlich mit mindestens einem ganzen/vollständigen Satz.

- Nachdem der anonyme Rückmeldebogen vollständig von den Lernenden ausgefüllt wurde, dürfen die Schülerinnen und Schüler diesen in einen Schuhkarton legen.
- Werten Sie die einzelnen Rückmeldungen für Ihre Unterrichtspraxis aus.

Tipps und Hinweise

- Diese motivierende Feedback-Form eignet sich für niedrigere Schulstufen, aber durchaus auch für ältere Lernende, wenn Sie zum Beispiel eine Feedback-Kultur in Ihren Klassen aufbauen möchten.
- Die Schülerinnen und Schüler sollen mindestens einen Satz auf den Feedback-Bogen schreiben. Sie dürfen selbstverständlich auch mehrere Sätze formulieren.
- Da die Rückmeldung seitens Ihrer Lerngruppe anonym stattfindet, können positive als auch negative Feedbacks zu Ihrem Unterricht genannt werden.
- Loben Sie (wenn angebracht) die detaillierten und wahrgenommenen Rückmeldepunkte Ihrer Schülerinnen und Schüler und sprechen Sie behutsam die eventuell negativ aufgekommenen Punkte aus Ihrem Unterricht an.
  Erläutern Sie auch, dass unzureichend abgegebene Feedbacks weder Ihnen noch einer zukünftigen Weiterführung des Unterrichts dienlich sind. Ggf. sollten Sie nochmals den Sinn und Zweck von Unterrichtsrückmeldungen bei Ihren Lernenden ansprechen.

Feedback-Monster

Der Unterricht heute war:

☐	☐	☐

Warum? ....

....

....

....

Feedback-Monster

KOPIERVORLAGE

Der Unterricht heute war:

☐	☐	☐

Warum? ....

....

....

....

© Verlag an der Ruhr | Autorenteam: Sandra und Frank Müller | www.verlagruhr.de
Monster: © KevinMandala – Shutterstock.com

Halbsätze

Darum geht's Eine (schnelle) Rückmeldung zum Unterrichtsprozess erhalten.

Kompetenzen notieren, beschreiben, begründen, Informationen ordnen, visualisieren, Schlussfolgerungen ziehen

Zeitaufwand ca. 30–40 Minuten

Material ca. 4–5 Plakate, Moderationsstifte, Pappstreifen, Kreppband

So geht's

- Schreiben Sie auf ca. vier oder fünf Plakate je einen Satzanfang zum aktuellen Unterrichtsprozess und hängen Sie diese an mehreren Stellen (Tafel, Wände, Tür etc.) im Klassenraum auf.
- Am Ende der Unterrichtsstunde oder nach einer längeren Unterrichtssequenz fordern Sie Ihre Schülerinnen und Schüler auf, die Sätze zu vervollständigen. Jede und jeder Lernende soll mindestens einen Halbsatz weiterführen.
- Dazu legen Sie ausreichend Pappstreifen, Moderationsstifte und Kreppband (zum Beispiel auf Ihrem Pult oder in unmittelbarer Nähe der Plakate) bereit.
- Die Schülerinnen und Schüler schreiben ihre jeweiligen Fortsetzungen auf die Pappstreifen und kleben diese unter den entsprechenden Halbsätzen auf.
- Durch das Anheften entsteht ein Pool an Gedanken, Ideen, Hilfestellungen, offenen Fragen, und Rückmeldungen. Gehen Sie im folgenden Unterrichtsgespräch auf Unklarheiten, aber auch auf den Tenor der Verschriftlichung ein.

Beispiele für Halbsätze:

- „Besonders interessant fand ich ..."
- „Ich habe Folgendes gelernt ..."
- „Mir hat die Methode (Arbeitsform, Gruppenarbeit etc.) gefallen, weil ..."
- „Mir hat Probleme bereitet, dass ..."
- „Es wäre hilfreich gewesen, wenn ..."
- „Ich wünsche mir, dass ..."

Tipps und Hinweise

- Diese Feedback-Übung funktioniert auch als abschließende Rückmeldung zu einer Unterrichtsstunde oder ganzen Unterrichtsreihe.
- Da die Statements anonym erfolgen, erhalten Sie ein ehrliches Feedback zum Unterrichtsprozess, das zudem noch mit Hilfen und Verbesserungen garniert ist.
- Je nach Bedarf können die fertigen Rückmeldungen in eine andere (sinnvolle) Reihenfolge gebracht und ins Heft übertragen werden.

Karten-Feedback

Darum geht's Eine anonyme Rückmeldung zum aktuellen Unterricht erhalten.

Kompetenzen brainstormen, Ideen ordnen, begründen, verständlich aufschreiben, Gefühle ausdrücken

Zeitaufwand ca. 30 Minuten

Material Visualisierung (Beispiele siehe unten), grüne, rote und gelbe Karten (jede Farbe in Klassenstärke), Moderationsstifte

So geht's

- Visualisieren Sie an der Tafel eine Tabelle mit drei vorgegebenen Rubriken, die Sie farblich kennzeichnen:

„Ich finde gut ..."	„Ich finde nicht gut ..."	„Ich wünsche mir ..."

- Legen Sie für die Lernenden grüne, rote und gelbe Karten und Stifte bereit. Jede Schülerin und jeder Schüler soll mindestens eine Karte beschriften; bis zu drei Karten sind erlaubt.
- In Einzelarbeit können die Lernenden entscheiden, ob sie eine positive Verstärkung („Ich finde gut ..." = grüne Karte), eine Problemanzeige („Ich finde nicht gut ..." = rote Karte) oder Verbesserungen und Wünsche („Ich wünsche mir ..." = gelbe Karte) rückmelden möchte. Ein Feedback zu zwei oder allen drei Bereichen ist möglich.
- Nach der Einzelarbeit mit individueller Besinnung erfolgt die Vorstellung im Plenum. Dazu sammeln Sie alle Karten ein und mischen diese.
- Anschließend werden die farbigen Karten in die entsprechenden Spalten der Tabelle gehängt. Mehrfachnennungen sind erlaubt.
- Zwei freiwillige Schülerinnen und Schüler lesen abwechselnd die Karten vor.
- Ein Unterrichtsgespräch kann sich anschließen. Es ist aber ebenso denkbar, dass dieses Stimmungsbild kommentarlos stehen bleibt. Dies sollten Sie je nach Fragestellung und Rückmeldungen entscheiden.

Tipps und Hinweise

- Das Feedback bleibt bewusst anonym. Dann haben Sie eine hohe Gewähr, ehrliche Rückmeldungen zu erhalten.
- Diese Art der Rückmeldung ist in sich differenziert: Leistungsstarke Lernende werden eventuell drei Karten ausfüllen, Leistungsschwächere belassen es oft bei einer Karte.
- Für jüngere Klassen können Sie zusätzlich noch Bilder oder Symbole verwenden.

 „Ich finde gut ..."	 „Ich finde nicht gut ..."	 „Ich wünsche mir ..."

Koordinatensystem

Darum geht's Gemeinsam eine Unterrichtssequenz planen (indirektes Feedback erhalten).

Kompetenzen beschreiben, notieren, begründen, abwägen, erklären, diskutieren, nachfragen, zuhören, kommentieren, beurteilen, sich einigen

Zeitaufwand ca. 30–45 Minuten

Material Moderationskarten, Moderationsstifte, Klebeband oder Magnete

So geht's

- Bei dieser „ungewöhnlichen" Feedback-Übung melden die Lernenden der Lehrkraft zurück, wie sie eine oder mehrere Unterrichtsstunden (aus ihrer Sicht) planen und durchführen würden.
- Legen Sie das Thema einer Unterrichtssequenz fest. Teilen Sie anschließend die Schülerinnen und Schüler in Kleingruppen von vier oder fünf Personen ein.
- Die Teams haben nun die Aufgabe, Ideen für die Umsetzbarkeit des Themas zu sammeln, zu durchdenken und sich auf einen Plan zu einigen. Dieser wird anschließend im Plenum vorgestellt.
- Flankierend teilen Sie den Gruppen je eine Karte aus, auf der sie ihre Idee bzw. ihren Plan festhalten, und zeichnen das folgende Schema groß an die Tafel.

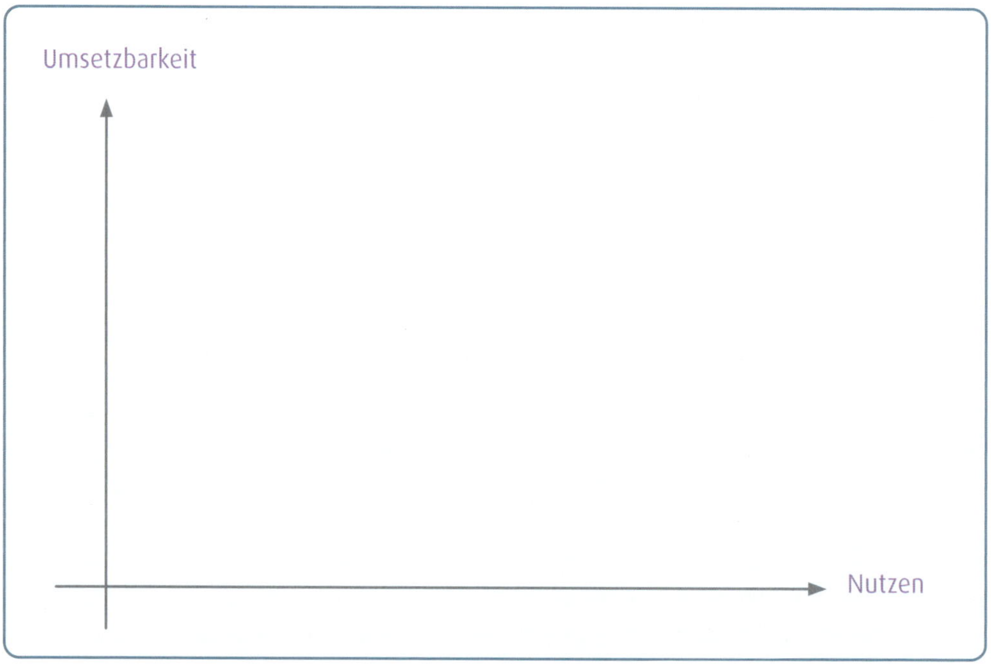

- In der Präsentationsphase positionieren die Schülerinnen und Schüler ihren Planungsvorschlag (ihre Karte) auf der entsprechenden Schnittstelle im Koordinatensystem. Dieses ist so aufgebaut, dass auf der x-Achse der Nutzen der gemeinsamen Idee und auf der y-Achse deren Umsetzbarkeit abzulesen ist. Zum Aufhängen bieten sich Klebebandstreifen oder bei einer magnetischen Tafel Magnete an.

Koordinatensystem

- Wenn alle Gruppen ihre Vorschläge vorgestellt haben (siehe Beispiel-Skizze unten), geht es im Plenum darum, zu diskutieren und abzuwägen, welche Idee(n) richtig positioniert wurde(n) und eventuell noch verschoben werden muss/müssen.
- Dann wird entschieden, wie die Planung weitergeht. Diese Phase ist anspruchsvoll, da erfahrungsgemäß viele Gruppen mit ihren Vorschlägen weiterarbeiten möchten. Jedoch ist auf dem Koordinatensystem gut ablesbar, welche Idee die beste Umsetzbarkeit bzw. den besten Nutzen-Faktor aufweist.

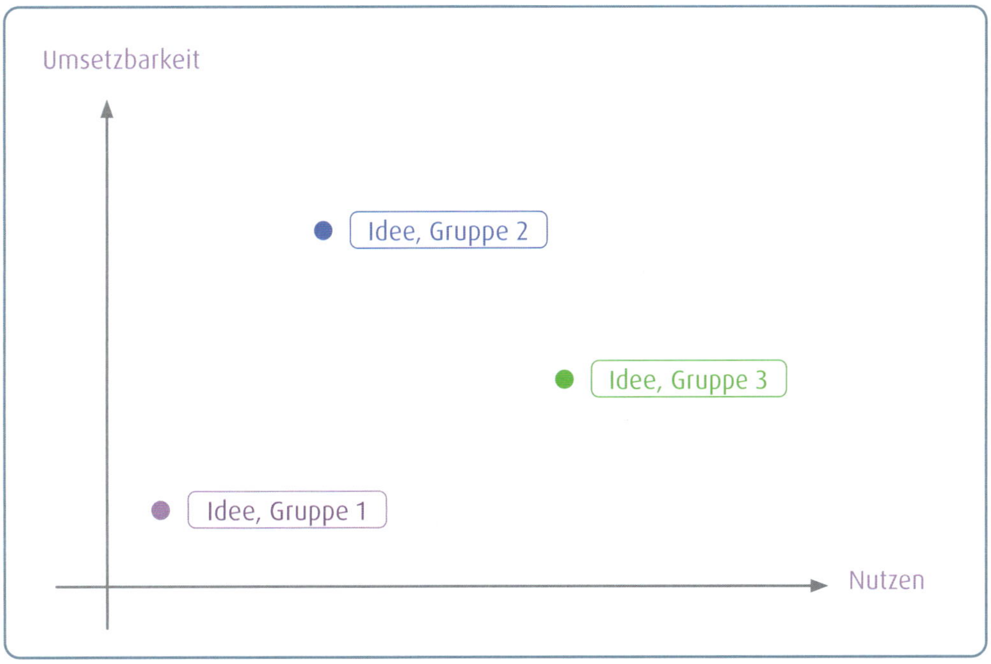

Tipps und Hinweise

- Diese Feedback-Übung ist für Schülerinnen und Schüler ab Klassenstufe 9 zu empfehlen, da die Lernenden auch methodische und didaktische Überlegungen anstellen müssen.
- Schülerinnen und Schüler mit einer Affinität zum Fach Mathematik mögen diese Art der Rückmeldung und es motiviert sie, sich verstärkt mit diesen Überlegungen auseinanderzusetzen.
- Durch das Koordinatensystem werden Diskussionen und das Endergebnis visualisiert.

Kraftfeldanalyse

Darum geht's Eine reflektierende Analyse zu einer Unterrichtssituation durchführen lassen.

Kompetenzen reflektieren, notieren, auf den Punkt bringen, fokussieren, Informationen ordnen, nachfragen, Ergebnisse präsentieren, begründen, erläutern

Zeitaufwand ca. 45 Minuten

Material vorbereitete Kopiervorlage „Kraftfeldanalyse" (Schema siehe unten), ggf. grüne und rote Moderationskarten (jeweils in Klassenstärke) und Moderationsstifte

So geht's

- „Wenn du etwas wirklich verstehen willst, dann versuche, es zu verändern." Diese Aussage wird dem deutschen Psychologen Kurt Tsodek Lewin (1890–1947) zugeschrieben. Auf ihn geht die sogenannte Kraftfeldanalyse (Force Field Analysis) zurück. Diese Methode dient zur Analyse einer Situation, die man beobachten und gegebenenfalls verändern möchte.
- Durch eine Kraftfeldanalyse werden also Faktoren benannt, die positive bzw. treibende und negative bzw. rückhaltende Kräfte in einem Prozess darstellen. Dies alles kann in einer vorgegebenen Visualisierung dargestellt werden.
- Auf den Unterricht bezogen, empfiehlt sich die folgende Reflexionsübung. Dabei hat es sich bewährt, diese in vier Phasen durchzuführen.

Phase 1:
Die Schülerinnen und Schüler erhalten ein Arbeitsblatt, auf dem sie motivierende (grün) und hemmende (rot) Aspekte zu einem vorgegebenen Themenfeld auflisten sollen.
Das folgende Beispiel zeigt das Schema zu einer Kraftfeldanalyse:

Kraftfeldanalyse zu meinem Unterricht

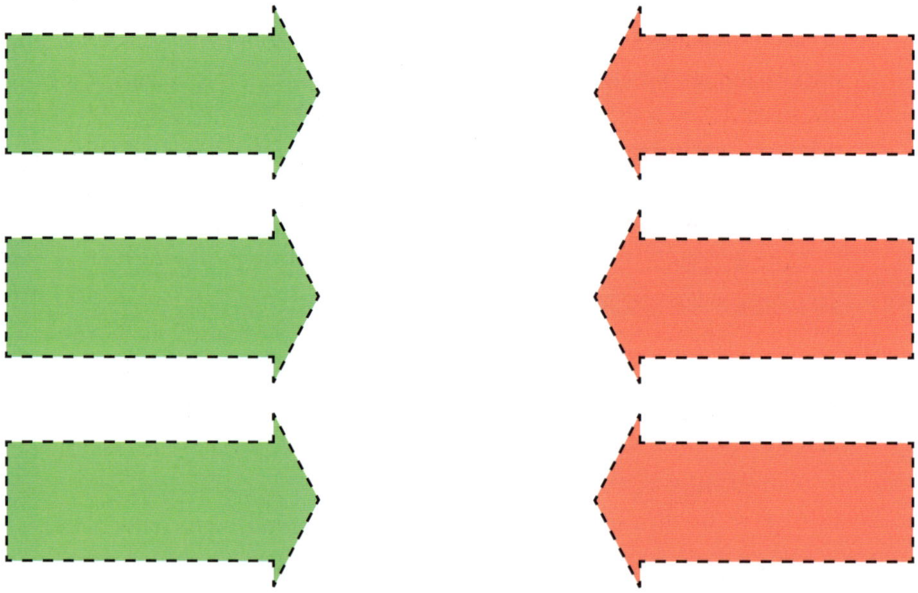

Kraftfeldanalyse

Je nach Leistungsstand der Schülerinnen und Schüler können bis zu drei positive und negative Argumente notiert werden, mindestens soll jedoch je ein grünes und rotes Feld ausgefüllt werden. Somit können leistungsstärkere als auch leistungsschwächere Lernende an dieser Übung engagiert teilnehmen.

Phase 2, Teil I:
In Zufalls- oder Neigungsgruppen zu je drei Lernenden werden die jeweiligen positiven und negativen Einflüsse vorgestellt und diskutiert. Dazu stellt jedes Gruppenmitglied seine ausgewählten Faktoren vor. Rückfragen, Kommentare, Diskussionen sind in dieser Phase ausdrücklich erlaubt.

Phase 2, Teil II:
Unmittelbar danach einigt sich jede Gruppe auf je drei motivierende und drei hemmende Faktoren.

Phase 3:
Jede Gruppe stellt nun ihre ausgewählten positiven und negativen Aspekte vor. Diese werden an der Tafel notiert. Kurze Erläuterungen und Kommentare zu einzelnen Punkten sind erlaubt.

Phase 4:
Im abschließenden Plenumsgespräch werden Überlegungen angestellt, wie jede Schülerin und jeder Schüler einige der motivierenden Ideen umsetzen kann oder auch wie sie Hindernissen begegnen können. In dieser Phase dürfen Sie sich aktiv und gegebenenfalls mit Hilfestellungen beteiligen.

Tipps und Hinweise

- Diese Feedback-Methode kann vor allem bei älteren Schülerinnen und Schülern gewinnbringend eingesetzt werden. Der Zeitaufwand ist relativ hoch, lohnt sich jedoch.
- Durch die klar strukturierten Phasen ist diese Methode einfach anzuwenden.
- Insbesondere durch die Visualisierungen und die deutliche „Pfeilstruktur" verstehen alle Lernenden das gesamte Prozedere.
- Die Kraftfeldanalyse kann flexibel auf verschiedene Fragestellungen und Unterrichtsprozesse angewendet werden. Sowohl die Thematik „Unterrichtsbeteiligung" (bewusste Eigenverantwortlichkeit der Lernenden im Unterricht) bietet sich an, aber auch eine Reflexion zu gerade durchgeführten Sozialformen (Tandemarbeit, Gruppenarbeit) ist hilfreich.
- Mit dieser Arbeitsform reflektieren Sie zudem ganz nebenbei den gerade durchgeführten Unterrichtsverlauf. Höhepunkte und Stärken/Schwächen werden automatisch in den Fokus gerückt und thematisiert.
- Unabhängig vom Feedback-Thema lässt sich die Kraftfeldanalyse gut zu Thesen anwenden, die genügend Pro- und Kontra-Argumente liefern.
- Alternativ zu einer Kopiervorlage können Sie auch farbige Moderationskarten (grün und rot) verwenden, auf denen die negativen und positiven Argumente zunächst in Einzelarbeit aufgeschrieben werden.

Nur 3 Minuten

Darum geht's
Information über den Lernstand der Lerngruppe erhalten.

Kompetenzen
brainstormen, zielgerichtet formulieren, Fragen stellen, begründen, präsentieren, zuhören, kommentieren

Zeitaufwand
ca. 15 Minuten

Material
Papier, Stifte, ggf. Kopiervorlage (Beispiel siehe S. 23) in Klassenstärke

So geht's

- Alle Lernenden haben ein leeres Blatt Papier vor sich. Auf einer Seite wird (ungeordnet) alles Positive (Gedanken, Ideen, Befindlichkeiten, Fragen, Kommentare etc.) zur aktuellen Unterrichtsstunde notiert. Auf der Rückseite schreibt jede Schülerin und jeder Schüler alle unklaren, negativen oder kritischen Gedanken zum bisherigen Unterrichtsgeschehen auf.
- Für diese schnelle Rückmeldung haben die Lernenden insgesamt 3 Minuten Zeit.
- Eine Auswertung kann direkt in einem Unterrichtsgespräch erfolgen. Erfahrungsgemäß findet eine rege Beteiligung aller Schülerinnen und Schüler statt.
- Sie erhalten auf diese Art und Weise eine schnelle, sehr spontane und ehrliche Rückmeldung.

Tipps und Hinweise

Mehrere Modifikationen bieten sich an:

- Als Hilfestellung können Sie an der Tafel Fragen notieren. Auf diese können die Lernenden Bezug nehmen, müssen es aber nicht:
  - „Was habe ich bislang verstanden?"
  - „Was hat mir gut gefallen?"
  - „Was hat mich zum Nachdenken gebracht?"
  - „An welchen Stellen konnte ich gut mitarbeiten?"

  - „Was fand ich schwierig?"
  - „Was hat mich geärgert?"
  - „Was hat mich wenig interessiert?"
  - „Warum habe ich mich nicht beteiligen können?"
- Die enge Zeitvorgabe von 3 Minuten zwingt die Schülerinnen und Schüler zur Fokussierung auf wesentliche positive und negative Rückmeldungen.
- Die Arbeitsform „Nur 3 Minuten" hat eine inhaltliche Nähe zur oft publizierten Feedback-Methode „One-Minute-Paper", bei der die Schülerinnen und Schüler lediglich eine Minute Zeit haben, ihre Gedanken zu formulieren. Jedoch wird in vielen Reflexionsgesprächen immer wieder rückgemeldet, dass eine Minute selbst für sehr spontane Rückmeldungen zu kurz sei. Es macht Sinn, die Zeiteinheit je nach Alter und Leistungsstand der Lerngruppe auszuweiten (oder in Ausnahmefällen zu minimieren). Dies sollten Sie selbst abwägen und entsprechend variabel entscheiden.
- Mit einem etwas höheren Zeitansatz kann diese Feedback-Methode ausgeweitet werden: Nach dem spontanen Schreiben bilden drei oder vier Schülerinnen und Schüler eine Zufallsgruppe. In dieser informieren sie sich gegenseitig und formulieren gemeinsam zwei positive und zwei negative Rückmeldungen, die dann jede Gruppe im Plenum präsentiert. Eine offene Diskussion kann sich anschließen.
- Sie können den Lernenden auch eine Vorlage austeilen (Beispiel siehe S. 23).

Nur 3 Minuten

Rezension

Darum geht's Eine Stellungnahme zu einer durchgeführten Unterrichtsreihe erhalten.

Kompetenzen notieren, eine Meinung vertreten, begründen, loben, kritisieren, präsentieren, fokussieren, Gewichtungen treffen, aktiv zuhören, nachfragen, kommentieren

Zeitaufwand ca. 45 Minuten

Material keines

So geht's

- Rezensionen werden zum Beispiel in Printmedien veröffentlicht. Sie haben das Ziel, eine persönliche Stellungnahme der Autorin oder des Autors zu einem Buch, Film oder Theaterstück zu präsentieren – verbunden mit einer (positiven oder kritischen) Bewertung.
- Die Schülerinnen und Schülern kennen meist Kundenrezensionen aus dem Internet, in denen über bestimmte Produkte geschrieben wird. Diese können sowohl in sachlichem bzw. nüchternem als auch lebendigem, humorvollem oder begeisterndem Stil verfasst sein.
- Obige Informationen teilen Sie den Lernenden zunächst mit und geben ihnen dann den Auftrag, eine Rezension über die (zuvor durchgeführte) Unterrichtsreihe zu schreiben.
- Wesentliche Komponenten dieser Rezension sind die inhaltliche Darbietung, die Inszenierung sowie die Akteure, das heißt (bezogen auf die Unterrichtspraxis) die fachlichen Inhalte, die Methodik/Didaktik und die Schüleraktivität.
- Allein durch die metaphorischen und bildhaften Beispiele, die dieser Arbeitsauftrag beinhaltet, schaffen es viele Lernende, ein Feedback in eine außergewöhnliche Form zu verpacken. Durch den Perspektivenwechsel entstehen so originelle Formulierungen und Beispiele, die dennoch elementare Rückmeldungen zur Unterrichtseinheit beinhalten.
- Nachdem jede Schülerin und jeder Schüler einen Text verfasst hat, werden Kleingruppen zu je vier Lernenden gebildet. In diesen werden die Rezensionen vorgelesen.
- Im nächsten Arbeitsschritt entscheidet die Gruppe, welches Werk besonders gelungen ist. Die ausgewählten Beispiele eines jeden Teams werden dann im Plenum präsentiert.
- Danach können Sie eine Besprechung oder Auswertung anschließen lassen.

Tipps und Hinweise

- Die Feedback-Methode „Rezension" hat eine inhaltliche Nähe zur Übung „Telegramm" (siehe S. 25). Der Zeitaufwand ist allerdings umfangreicher, auch die Niveaustufe ist höher angesiedelt. Daher sollte die Rezension eher als Rückmeldung zu einer kompletten Unterrichtsreihe oder einem Lernarrangement eingesetzt werden, während das Telegramm inhaltlich besser zu einer Unterrichtsphase passt.
- Diese Methode ist eher für ältere Klassen geeignet, da Feinheiten und Stil der Formulierungen wesentliche Bestandteile dieser Art der Verschriftlichung sein können.
- Die Lernenden lieben es, wenn sie ihre Rezension mit einer visuellen Bewertung verknüpfen können. Die Sterne-Rangliste ist ihnen aus dem Internet meist schon wohlbekannt.
  Fünf ★ ★ ★ ★ ★ stehen dabei für eine hervorragende Rückmeldung,
  drei ★ ★ ★ signalisieren einen mittleren Wert,
  kein Stern bedeutet eine niederschmetternde Bewertung.
- Sie können den Lernenden eine Beispiel-Rezension als Impuls an die Hand geben.

Telegramm

Darum geht's Eine schnelle schriftliche Rückmeldung zu einer Unterrichtssequenz erhalten.

Kompetenzen Ideen sammeln, beschreiben, Gewichtung treffen, reflektieren, begründen

Zeitaufwand ca. 10–20 Minuten

Material Beispiel-Telegramme (siehe unten)

So geht's

- Erklären Sie den Lernenden, was ein Telegramm ist.
  Das Telegramm war eine kurze Nachricht, die telegrafisch übermittelt wurde. Während früher die Zusendung von Briefen teilweise Wochen dauerte, kam das Telegramm binnen weniger Stunden bei der Empfängerin oder dem Empfänger an. Zu jener Zeit war das eine Revolution. Die Texte wurden im Post- bzw. Telegrafenamt mit der Morsetaste eingegeben und über eine direkte elektrische Leitung zu einem Post- bzw. Telegrafenamt in der Nähe der Empfängerin oder des Empfängers übermittelt.
- Bitten Sie Ihre Schülerinnen und Schüler am Ende einer Unterrichtssequenz, ein Telegramm zu schreiben. Dieses sollte maximal 20 Wörter enthalten.
- In diesem Telegramm sollen positive (lobende) oder negative (kritische) Rückmeldungen zum vorangegangenen Unterricht verschriftlicht werden. Dadurch, dass die Lernenden nur wenige Wörter verwenden dürfen, konzentrieren sie sich auf die wesentlichen Inhaltskomponenten.
- Sinnvoll ist es, wenn Sie Ihren Schülerinnen und Schülern zwei Beispiele (siehe unten) vorgeben, an denen diese sich orientieren können.
- Im Plenum werden die Telegramme vorgelesen; eine Diskussion kann sich anschließen.

Tipps und Hinweise

- Alternativ können Sie die Telegramme der Lernenden auch an den Wänden des Klassenraums aufhängen. In einem Museumsgang betrachten die Schülerinnen und Schüler dann die Verschriftlichungen. Kommentare, Rückfragen und Ergänzungen können zusätzlich in einem Plenumsgespräch geäußert werden.
- Die Telegramme helfen sowohl Ihnen als auch Ihren Schülerinnen und Schülern.

Telegramm

Von: Max **An:** Frau Maier

Spannendes Thema STOPP *viele Diskussionen* STOPP *gute Partnerarbeiten* STOPP *positive, lockere Atmosphäre* STOPP *habe alles verstanden* STOPP *gern mehr Informationen zu unserem Thema :)* STOPP

Telegramm

Von: Helene **An:** Herr König

Unklarer Einstieg STOPP *zu lange Diskussionen* STOPP *schwierige und komplizierte Arbeitsblätter* STOPP *habe dann nicht mehr mitgearbeitet* STOPP *Das finde ich sehr schade* STOPP

2-mal Plus und 2-mal Minus

Darum geht's

Ein schnelles Feedback zu einem Lehrervortrag erhalten.

Kompetenzen

eigene Meinung vertreten, sich auf das Wesentliche konzentrieren, notieren, entscheiden, beurteilen, loben, kritisieren, kommunizieren, begründen, stringent argumentieren, aufmerksam zuhören

Zeitaufwand

ca. 20–30 Minuten

Material

grüne und rote Moderationskarten (in doppelter Klassenstärke), Moderationsstifte, Klebeband oder Magnete (bei einer magnetischen Tafel)

So geht's

- Alle Lernenden erhalten je zwei grüne und zwei rote Karten, auf denen sie zwei lobende bzw. positive (grün) und zwei kritische bzw. negative (rot) Rückmeldungen zum zuletzt erlebten Lehrervortrag notieren.
- Danach sammeln Sie die Karten ein. Auf der linken Tafelseite werden ungeordnet alle grünen, auf der rechten Tafelseite alle roten Karten aufgeklebt/aufgehängt. Mehrfachnennungen werden bewusst eng zueinander gehängt, sodass kleine „Cluster" entstehen.
- Im Unterrichtsgespräch lesen zwei Lernende nacheinander alle Karten vor.
- So entsteht ein deutliches Stimmungsbild, das Sie zum Anlass nehmen können, eventuell einige Elemente Ihres Lehrervortrages zu überdenken, oder aber durch die Sie die Gewissheit erhalten, dass Ihre Schülerinnen und Schüler sich beim Zuhören wohlfühlen und Ihren Informationen gern folgen.

Tipps und Hinweise

- Dieses Lehrer-Feedback setzt eine große Offenheit Ihrerseits voraus. Das Ergebnis ist erfahrungsgemäß aber überaus lohnend. Darüber hinaus kann sogar ein konstruktiver Dialog zum Lehrervortrag bzw. Vortrag allgemein entstehen.
- Die Schülerinnen und Schüler werden bei dieser Art, zu arbeiten, ernst genommen. Dies zeigt sich auch darin, dass die Lernenden meist konstruktive Rückmeldungen formulieren.
- (Seltene) unrealistische oder despektierliche Bemerkungen sollten Sie direkt ansprechen und begründen, warum Sie diese Art der Rückmeldung nicht für hilfreich oder praktikabel halten.
- Diese Übung bietet sich auch nach einer Unterrichtssequenz, einer neu eingeführten Methode oder nach einer Projektarbeit an. Oder Sie setzen die Übung als Schüler-Feedback bei Schülervorträgen oder Präsentationen jeglicher Art ein.
- Bei leistungsschwächeren oder sprachlich unsicheren Schülerinnen und Schülern können Sie auch mit einem Helfersystem arbeiten: Bilden Sie Tandems aus heterogenen Lernenden, die sich gegenseitig unterstützen und eventuell bei Formulierungen helfen.

Feedback für Lehrkräfte

mündliche Methoden

Abb.: Anja Boretzki

Ampel-Feedback

Darum geht's Eine Rückmeldung zum Unterrichtsinhalt erhalten.

Kompetenzen rückmelden, entscheiden, erläutern, eigene Meinung vertreten, begründen

Zeitaufwand ca. 5–20 Minuten (je nach Intention und Weiterarbeit)

Material rote, gelbe und grüne Moderationskarten (jeweils in Klassenstärke), ggf. Klassenampel (Beispiel siehe Bildvorlage S. 29), ggf. Wäscheklammern in Klassenstärke, ggf. Feedback-Prisma (Beispiel siehe Kopiervorlage S. 30) in Klassenstärke

So geht's

- Nach der Behandlung eines neuen Unterrichtsstoffes machen Sie eine kleine Zäsur und bitten Ihre Schülerinnen und Schüler um eine Rückmeldung. Dazu erhalten die Lernenden von Ihnen drei Karten in den Farben einer Ampel (rot, gelb, grün).
- Auf Ihren Impuls hin heben die Schülerinnen und Schüler diejenige Karte hoch, die ihre momentane Situation am besten widerspiegelt:
  - Wenn Lernende den neuen Unterrichtsinhalt verstanden haben, kommt die **grüne Karte** zum Einsatz.
  - Die **gelbe Karte** zeigt an, dass Schülerinnen und Schüler den Unterrichtsstoff nur teilweise verstanden haben.
  - Sollten die Lernenden den Unterrichtsinhalt nicht verstanden haben, halten sie die **rote Karte** hoch.
- Sie können das Ampel-Feedback an dieser Stelle beenden, wenn Sie lediglich an einem Stimmungsbild interessiert sind. Es ist aber ebenso möglich, weiterzuarbeiten:
  - **Fragerunde:** Einzelne Schülerinnen und Schüler erläutern ihre Gedanken und Assoziationen, benennen ihre Probleme oder erklären, warum sie inhaltlich alles verstanden haben.
  - **Tandem-/Gruppenarbeit:** Es werden Paare oder Kleingruppen gebildet, die sich gegenseitig über ihre Rückmeldungen austauschen. Dabei wird kommentiert, erklärt und Rückfragen werden erörtert.
  - **Unklarheiten wiederholen:** Offene Fragen, die mit der roten Karte verbunden sind, werden im Plenum thematisiert. Eine „Wiederholungsschleife" mithilfe der „grünen Schülerinnen und Schüler" oder durch die Lehrkraft bringt alle Lernenden wieder auf einen Stand.

Tipps und Hinweise

- Sie erhalten eine schnelle, unmittelbare und spontane Rückmeldung, sodass Sie anschließend mit Erläuterungen, Kommentaren, Fragen etc. ins Detail gehen können.
- Sie können alternativ auch mit einer „Klassenampel" (Beispiel siehe Bildvorlage S. 29) arbeiten. Auf dieser heften die Lernenden eine Klammer an die entsprechende Farbe.
- Statt drei farbigen Karten kann auch ein gleichseitiges Prisma aus Karton eingesetzt werden (Beispiel siehe Kopiervorlage S. 30). Dazu kleben die Lernenden die Längsseiten mit Klebestreifen zusammen. In der Feedback-Runde legen die Schülerinnen und Schüler dann die Prismen so auf ihren Arbeitstisch, dass Sie die ausgewählte Signalfarbe gut gesehen können. Bei Lernenden mit einer Rot-Grün-Schwäche bietet es sich an, die Seiten des Prismas zusätzlich mit dem Wort der entsprechenden Farbe zu beschriften.

Ampel-Feedback

Ampel-Feedback

Bewegungs-Feedback

Darum geht's Eine eindeutige Rückmeldung zu einer Unterrichtsreihe erhalten.

Kompetenzen reflektieren, entscheiden, fokussieren, eigene Meinung begründen, austauschen, argumentieren, präsentieren

Zeitaufwand ca. 30 Minuten

Material 4 vorbereitete Plakate mit jeweils einer Feedback-Formulierung, Klebeband, ggf. Visualisierungen (Beispiele siehe Bildvorlage S. 32)

So geht's

- Nach einer durchgeführten Unterrichtsreihe hängen Sie in jeder der vier Ecken des Klassenraumes ein von Ihnen vorbereitetes Plakat auf. Auf diesen steht jeweils eine andere Rückmeldung, idealerweise zwei Aussagen mit positiver und zwei mit negativer Tendenz.

  Formulierungsbeispiele:
  - „Der Unterricht hat mir viele neue Erkenntnisse gebracht."
  - „Das Thema hat mich interessiert."
  - „Ich fand vieles schwierig und habe nicht alles verstanden."
  - „Auf dieses Thema hätte ich verzichten können."
- Alle Schülerinnen und Schüler finden sich zu Anfang der Übung in der Mitte des Klassenraumes ein.
- Gehen Sie gemeinsam mit den Lernenden die vier Feedback-Formulierungen einmal durch, indem Sie die Plakate laut vorlesen lassen und gegebenenfalls mit Beispielen erläutern.
- Im nächsten Arbeitsschritt erhalten die Lernenden dann den Auftrag, sich dem Plakat zuzuordnen, dessen Inhalt sie am meisten zustimmen.
- Anschließend diskutieren die Schülerinnen und Schüler in der jeweiligen Ecke miteinander, warum sie sich gerade für dieses Statement entschieden haben und wie sie zur gewählten Aussage stehen.
- Nach diesem Erfahrungsaustausch wird für jede Ecke eine Person ausgelost, die die Ergebnisse der verschiedenen Standpunkte im Plenum zusammenfasst.

Tipps und Hinweise

- Auch andere pädagogische (und ebenso fachliche) Themen sind mit dieser Übung denkbar (zum Beispiel „Gruppenarbeit ist …", „Ich fühle mich heute …", „Hausaufgaben sind …", „Die Klassenarbeit war …").
- Sollten sich in einer Ecke mehr als fünf Schülerinnen und Schüler befinden, so teilen Sie diese in zwei oder mehrere Gruppen auf, damit sich alle Lernenden in einem relativen kleinen Team gut einbringen können.

Abb.: Anja Boretzki

- Sie können auch mit einfachen Visualisierungen arbeiten, indem Sie bekannte Symbole oder Bilder in den Ecken aufhängen (zum Beispiel Emoticons, Wettersymbole, Plus- und Minuszeichen, verschiedene Gefühlsausdrücke). Ein vorgefertigtes Beispiel, das sie sofort einsetzen können, finden Sie auf Seite 32.
- In dieser Übung ist bewusst keine Phase geplant, in der die Lernenden sitzend agieren.

Bewegungs-Feedback

Blitzlicht

Darum geht's Eine schnelle Rückmeldung zu einer vorgegebenen Leitfrage erhalten.

Kompetenzen brainstormen, kommunizieren, begründen, Blickkontakt halten, zuhören, Gesprächsregeln einhalten, sich an Absprachen halten

Zeitaufwand ca. 10–15 Minuten

Material keines

So geht's

- Setzen Sie sich nach Möglichkeit mit Ihren Schülerinnen und Schülern in einen Stuhlkreis.
- Erläutern Sie Ihren Lernenden einige Regeln zum Blitzlicht oder rufen Sie diese noch mal gemeinsam in Erinnerung:
  - Jede Schülerin und jeder Schüler darf sich beteiligen, es besteht jedoch keine Pflicht.
  - Alle Lernenden können entscheiden, wie viel oder wenig sie zur Frage beisteuern.
  - Die Redebeiträge werden unkommentiert stehen gelassen. Es findet keine anschließende Diskussion statt.
  - Äußern Sie sich nur bei unklaren Rückmeldungen bzw. bei Verständnisproblemen.
- Stellen Sie dann eine Frage zur letzten Unterrichtssequenz, zur letzten Unterrichtsstunde, zum Unterrichtstag oder zur durchgeführten Unterrichtseinheit. Es kann auch gezielt nach einer Gruppenarbeit oder Arbeitsform gefragt werden.

Tipps und Hinweise

- Je nach Ihrer Fragestellung kann es sinnvoll sein, den Schülerinnen und Schülern zunächst eine Stillphase zu geben, in der sie Zeit für eine geeignete Reflexion haben und in Ruhe ihre Gedanken ordnen können.
- Blitzlicht gilt als eine der schnellsten Feedback-Methoden. Hinzu kommt, dass Sie keinerlei Vorbereitung benötigen.
- Erfahrungsgemäß beteiligen sich die Schülerinnen und Schüler rege. Dies liegt auch daran, dass sie sich frei äußern dürfen, ohne dass sie kritische Kommentare befürchten müssen. Das Gesagte bleibt immer unkommentiert stehen.
- Geeignete Impulsfragen für ein Feedback-Blitzlicht sind:
  - „Die Unterrichtsstunde heute fand ich …"
  - „Über das Thema möchte ich noch Folgendes erfahren …"
  - „Das nehme ich aus dieser Stunde mit …"
  - „In der Methode habe ich mich wohl/unwohl gefühlt, weil …"

Abb.: Anja Boretzki

Dissonanz-Methode

Darum geht's Eine schematische Rückmeldung zu einem Unterrichtsaspekt erhalten.

Kompetenzen beurteilen, formulieren, notieren, visualisieren, argumentieren, erläutern, nachfragen, kommentieren, eine Einigung erzielen, diskutieren, präsentieren

Zeitaufwand ca. 45 Minuten

Material Kopiervorlage „Dissonanz-Methode" (S. 36) in Klassenstärke, Dissonanz-Schema (Beispiel siehe unten), je 2 gelbe und blaue Moderationskarten pro Gruppe, Moderationsstifte

So geht's

- Stellen Sie Ihren Schülerinnen und Schülern eine Frage zu einem wichtigen Aspekt Ihrer Unterrichtsstunde bzw. -reihe. Dies kann sowohl die Art der Durchführung betreffen als auch didaktische oder methodische Gesichtspunkte, wie zum Beispiel:
  - „Hast du bei meinem Vortrag alles verstanden?"
  - „Wie (ergiebig) ist eure Gruppenarbeit gelaufen?"
  - „Ist das Tafelbild für dich verständlich?"
  - „Wie gut konntest du dem Unterrichtsverlauf folgen?"
  - „Wie bedeutsam ist das Thema für dich?"
- Die Lernenden bearbeiten die Fragestellung zunächst in **Einzelarbeit**. Teilen Sie dazu die Kopiervorlage „Dissonanz-Methode" (siehe S. 36) aus, auf der eine Bewertungsskala von -2 bis +2 abgebildet ist.
- Die Schülerinnen und Schüler kreuzen die Ziffer an, die ihrer persönlichen Tendenz am ehesten entspricht. Kreuzt eine Person zum Beispiel -2 an, so signalisiert sie ein negatives Statement zu der gestellten Frage. Im umgekehrten Fall bedeutet +2 eine klare Zustimmung. Leicht abgeschwächt, aber ebenso tendenziell negativ oder positiv sind die Rubriken -1 und +1. Zusätzlich fertigen die Lernenden einige Notizen zu ihrer „Bewertung" an. So können sie später ihre Haltung gut argumentieren.
- Währenddessen visualisieren Sie das **Dissonanz-Schema** an der Tafel:

Frage:	**-2** Ich stimme **nicht** zu.	**-1** Ich stimme eher **nicht** zu.	**+1** Ich stimme eher zu.	**+2** Ich stimme zu.

- Im nächsten Schritt markieren alle Schülerinnen und Schüler ihr Votum in der entsprechenden Spalte an der Tafel. Dies kann zum Beispiel durch Ankreuzen, einen Punkt setzen oder eine wachsende Strichliste geschehen.
- Wenn alle Lernenden auf diese Weise ihre Meinung kundgetan haben, entsteht ein klares Stimmungsbild der gesamten Lerngruppe.
- Es schließt sich eine **Teamarbeit** an. In Zufallsgruppen zu drei oder vier Personen stellt zunächst jedes Teammitglied seine Position dar. Es wird nachgefragt, kommentiert, begründet, diskutiert und argumentiert. So werden die verschiedenen Pro- und Kontra-Argumente ausgetauscht.

Dissonanz-Methode

- Im nächsten Schritt legt sich die Gruppe auf zwei Pro- und zwei Kontra-Argumente fest. Diese schreibt sie auf je zwei gelbe und blaue Karten, sodass jede Karte einen Standpunkt beinhaltet. Gelb steht hierbei für Pro und blau für Kontra.
- Anschließend erfolgt eine **Präsentationsphase**. Dabei heftet ein Mitglied der Gruppe die Karten an die Tafel. Kurze Erläuterungen zu den Argumenten sind erlaubt.
- Wenn alle Karten hängen, ergibt sich eine Fülle von positiven und negativen Statements zu der Unterrichtsfrage.
- Im Plenum werden die Ergebnisse nochmals zusammengefasst, Unklarheiten beseitigt und eventuell Tipps formuliert.

Tipps und Hinweise

- Die Dissonanz-Methode benötigt einen größeren Zeitrahmen. Setzen Sie diese Feedback-Form nur dann ein, wenn Ihnen die Rückmeldungen Ihrer Schülerinnen und Schüler zu einem bestimmten Unterrichtsaspekt grundlegend wichtig sind.
- Im Dissonanz-Schema wurde bewusst auf die „0" verzichtet, da es wichtig ist, dass jedes Mitglied aus der Lerngruppe sich für eine Tendenz entscheidet.
- Ein Vorteil dieser Methode ist, dass alle Lernenden einen gleichen Anteil zur Meinungsbildung beisteuern. Dies bedeutet, dass sowohl leistungsschwächere als auch leistungsstärkere Schülerinnen und Schüler ein Statement abgeben, das zum Gesamtvotum beiträgt.
- Unabhängig von der Thematik liefert die Dissonanz-Methode einen Beitrag zum Wir-Gefühl der Klasse: Alle kommunizieren, alle geben eine Stellungnahme ab, alle argumentieren und alle präsentieren. Erfahrungsgemäß schafft es jede Schülerin und jeder Schüler, ein Votum abzugeben.
- Nicht nur im Feedback-Bereich ist diese Methode gewinnbringend einsetzbar. Sie kann auch zu fachlichen Themen gute Dienste leisten und ist eine hervorragende Hinführung zur schriftlichen Erörterung. Als Übung zum Themenkomplex „Aktives Zuhören" ist sie ebenfalls im Unterricht gut zu verwenden.[4]

Abb.: Anja Boretzki

[4] vgl. Müller, F. (2022): Aktiv zuhören lernen. Mülheim an der Ruhr. Verlag an der Ruhr

Dissonanz-Methode

1. Schreibe die gestellte Frage in die erste Spalte.
2. Kreuze in der Tabelle an, ob du der Frage (eher) zustimmst oder (eher) nicht zustimmst. Du darfst nur ein Kreuz setzen.

Frage:	**-2** Ich stimme **nicht** zu.	**-1** Ich stimme eher **nicht** zu.	**+1** Ich stimme eher zu.	**+2** Ich stimme zu.

3. Notiere zu deiner Bewertung einige Argumente:

3-Finger-Einschätzung

Darum geht's
Eine schnelle Selbsteinschätzung nach einer Arbeitsphase erhalten.

Kompetenzen
zuhören, einschätzen, entscheiden, begründen

Zeitaufwand
ca. 5 Minuten

Material
keines

So geht's

- Wenn Sie nach einer Arbeitsphase eine spontane und schnelle Rückmeldung Ihrer Schülerinnen und Schüler erhalten möchten, dann bietet sich die 3-Finger-Einschätzung an.
- Stellen Sie dazu eine konkrete Frage zum vorangegangenen Unterrichtsablauf und erläutern Sie dann Ihrer Lerngruppe, welche Antwort zu einem, zu zwei oder zu drei ausgestreckten Fingern gehört.

Beispiel:

„Ich habe die Aufgabe gut gelöst. Alles prima."

„Ich habe den Arbeitsauftrag weitestgehend erfüllt."
„Ich habe lediglich einen kleinen Teil nicht lösen können."

„Ich habe das Ziel nicht erreichen können."

- Die Lernenden heben die Hand und zeigen dabei deutlich einen, zwei oder drei abgespreizte Finger. So erhalten Sie einen schnellen Überblick und können gegebenenfalls sofort reagieren und nachfragen, falls Sie das gewünschte Ergebnis nicht erhalten haben.

Tipps und Hinweise

- Sie können sowohl eine fachliche Frage stellen („Hast du die Rechenaufgabe ohne Probleme lösen können?") als auch eine methodische („Wie bist du in der neuen Arbeitsform zurechtgekommen?").
- Denkbar sind auch affektive Fragen („Wie hast du dich in der Zufallsgruppe gefühlt?"). Wichtig ist nur, dass Sie zur gestellten Frage drei verschiedene Antwortmöglichkeiten geben und diese Rückmeldungen dann einer Anzahl an Fingern zuordnen.
- Die Übung ist normalerweise so angelegt, dass lediglich ein Stimmungsbild entsteht. Bei unerwartet vielen negativen oder problematischen Rückmeldungen können Sie aber auch eine Aussprache im Plenum bzw. mit einzelnen Schülerinnen und Schülern durchführen.

Meinungslinie

Darum geht's Eine Stellungnahme zu einem Unterrichtsthema erhalten.

Kompetenzen entscheiden, eigene Meinung vertreten, kommunizieren, argumentieren, begründen

Zeitaufwand ca. 20 Minuten

Material Klebeband, dicker Wollfaden oder Seil; 2 große Karten (eine mit „interessant" und die andere mit „uninteressant" beschriftet)

So geht's

- Ziehen Sie mithilfe eines Seils, eines dicken Wollfadens oder mit Klebeband eine Linie quer durch den Klassenraum. Dazu legen Sie das Hilfsmittel auf den Boden. Positionieren Sie dann die Karte „interessant" an dem einem Ende und die Karte „uninteressant" an dem anderen Ende. Achten Sie darauf, dass beide Karten gut sichtbar und lesbar sind.
- Erläutern Sie Ihren Schülerinnen und Schülern, dass sie das Thema der vergangenen Unterrichtsstunde (oder -einheit) beurteilen sollen. Wenn den Lernenden die Thematik sehr gefallen hat, so platzieren sie sich ganz nah an die „interessant"-Karte. Bei einer negativen Meinung stellen sie sich am anderen Ende der Linie auf. So haben alle Lernenden die Möglichkeit, die eigene Meinung durch einen Standpunkt optisch darzulegen, das heißt, die (starke oder moderate) Zustimmung bzw. Ablehnung zeigt sich daran, wie nah man zu den beiden Enden der Linie Position bezieht.
- Losen Sie eine Person aus, die ihre Meinung im Plenum erläutern darf. Dann ruft diese die nächste Person auf, welche wiederum ihre Position in Worte fasst. So geht es in der Meldekette weiter, bis sich jedes Mitglied der Lerngruppe geäußert hat.

Tipps und Hinweise

- Als Hilfestellung eignen sich Satzanfänge wie „Ich stehe genau hier, weil ich der Meinung bin, dass …".
- Sollten mehrere Schülerinnen und Schüler in der Mitte der Meinungslinie Stellung bezogen haben, so bitten Sie diese, eine Tendenz in die eine oder andere Richtung einzunehmen.
- Sie erhalten mit dieser Übung ein gutes Stimmungsbild über den Inhalt der vergangenen Unterrichtsarbeit.
- Dadurch, dass es kein Richtig oder Falsch gibt, agieren alle Lernenden motiviert und geben Ihnen eine ehrliche Rückmeldung.
- Diese Übung muss nicht zwingend im Klassenraum stattfinden. Bei gutem Wetter können Sie die „Meinungslinie" beispielsweise auch auf dem Pausenhof durchführen.
- Als Modifikation ist die Methode „Meinungsraum" (siehe S. 39) geeignet, die eine ähnliche Intention und fast die identischen Kompetenzen und Ziele verfolgt.

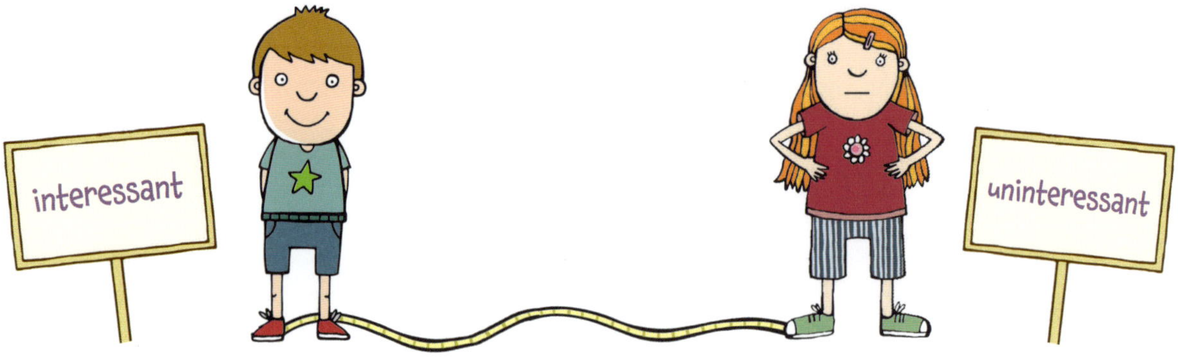

Abb.: Anja Boretzki

Meinungsraum

Darum geht's Eine Stellungnahme zu einem Unterrichtsthema erhalten.

Kompetenzen entscheiden, eigene Meinung vertreten, kommunizieren, argumentieren, begründen

Zeitaufwand ca. 20 Minuten

Material Klebeband, dicker Wollfaden oder Seil; 2 große Plakate (eins mit „+“ und das andere mit „–“ beschriftet)

So geht's

- Eine verwandte Übung zu der Methode „Meinungslinie“ (siehe S. 38) ist der „Meinungsraum“. Für diese stellen Sie alle Stühle und Tische des Klassenraums zur Seite und nutzen die ganze zur Verfügung stehende Fläche.
- In der Mitte des Raumes ziehen Sie mit Klebeband, einem Wollfaden oder einem Seil eine Trennlinie auf dem Boden, sodass zwei Felder entstehen.
- Die eine Hälfte markieren Sie mit dem Plus-Plakat, die andere mit dem Minus-Plakat. Die Felder stehen also für eine positive bzw. für eine negative Bewertung des Unterrichtsthemas.
- Die Schülerinnen und Schüler verteilen sich so in diesen zwei Bereichen, wie sie es für richtig empfinden. Je näher die Lernenden bei einem Plakat stehen, desto deutlicher ist ihr positives oder negatives Votum.

Tipps und Hinweise

- Nicht nur als Feedback-Übung, sondern in vielen Themenbereichen lässt sich der „Meinungsraum“ einsetzen. Er ist immer dann geeignet, wenn Stellung zu einer Streitfrage oder einer These bezogen werden soll.
- Zudem wird die eigene Meinung durch ihre Positionierung visualisiert und es entsteht so ein deutliches (Stimmungs-)Bild der Lerngruppe.

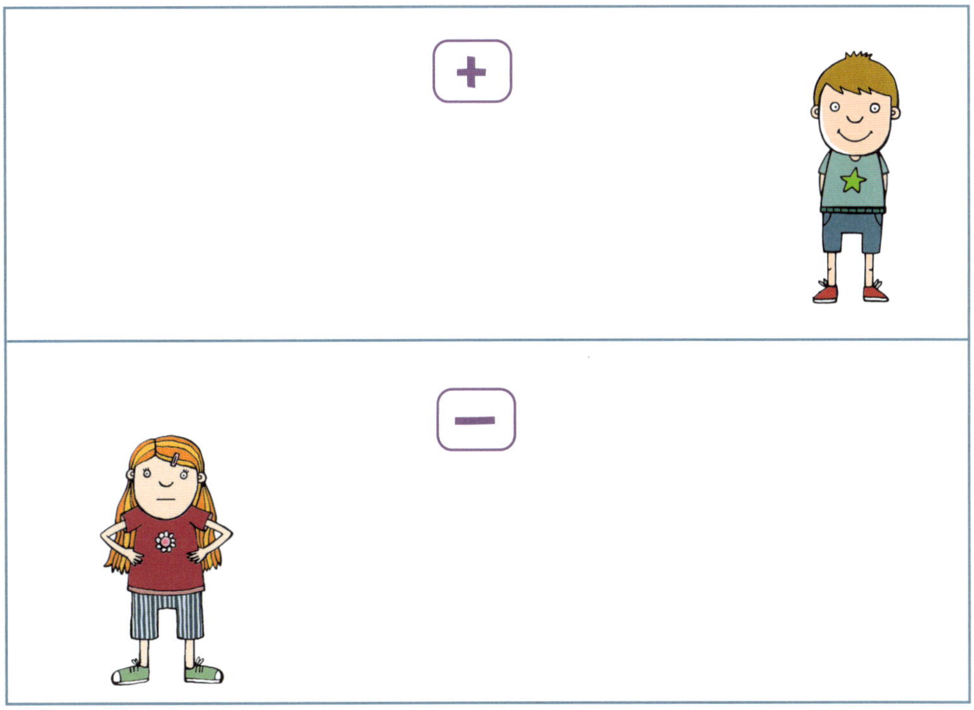

Abb.: Anja Boretzki

Top und Flop der Woche

Darum geht's

Eine emotionale Rückmeldung zu inhaltlichen, methodischen oder didaktischen „Belangen" erhalten.

Kompetenzen

reflektieren, begründen, verständlich formulieren, Gefühle ausdrücken

Zeitaufwand

ca. 10 Minuten (je 5 Minuten zum Ende und Beginn der Stunde)

Material

rote und grüne Moderationskarten

So geht's

- Nehmen Sie sich am Ende einer Unterrichtswoche 5 Minuten Zeit, um wesentliche Begebenheiten mit Ihren Schülerinnen und Schülern zu reflektieren. Diese können sowohl die behandelten Themen als auch die unterrichtliche Durchführung betreffen.
- Auf Ihrem Pult liegen rote und grüne Karten aus, die sich die Schülerinnen und Schüler nehmen dürfen. Auf den grünen Karten darf alles notiert werden, was in der vergangenen Woche positiv war. Dies können interessante unterrichtliche Themen sein, aber auch Hilfestellungen innerhalb der Lerngruppe oder gemeinsame Arbeiten an einer Thematik.
- Im Gegensatz dazu dienen die roten Karten als schriftliche Grundlage für problematische, schwierige oder negative Geschehnisse der vergangenen Woche (zum Beispiel Unruhe in der Lerngruppe, zu schwieriger Unterrichtsstoff, Beleidigungen oder despektierliches Verhalten im Unterrichtsgespräch).
- Sammeln Sie alle Aussagen ein und lesen Sie diese in der nächsten Stunde (Anfang der nächsten Woche) unkommentiert vor.

Tipps und Hinweise

- Erfahrungsgemäß beschriften die Lernenden ihre Karten sorgfältig und aufrichtig. Sie fühlen sich ernst genommen. Bevor Sie in der Folgestunde die grünen und roten Karten jedoch vorlesen, sollten Sie zunächst einen Blick darauf werfen. Hin und wieder sind Karten auszusortieren, weil diese entweder beleidigenden Inhalt aufweisen oder inhaltlich abschweifen. Beides kommt aber nur sehr selten vor.

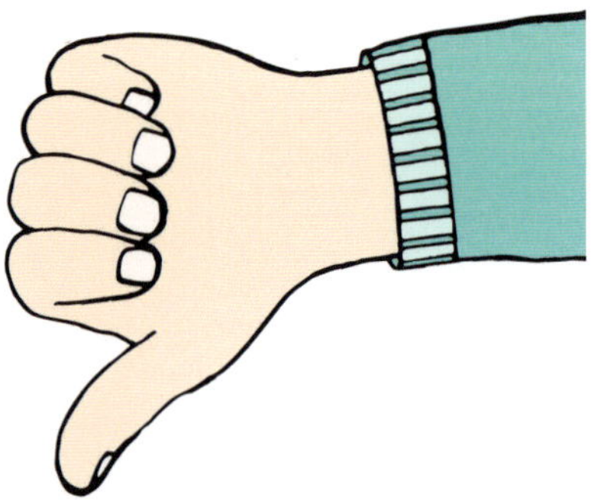

Abb.: Anja Boretzki

Votum-Ei

Darum geht's Eine (schnelle) Rückmeldung zur allgemeinen Durchführung des Unterrichts oder zu einer Unterrichtsstunde erhalten.

Kompetenzen reflektieren, sich eine Meinung bilden, begründen, bewerten, erläutern, argumentieren

Zeitaufwand ca. 20 Minuten

Material Bildvorlage „Votum-Ei" (siehe Abbildung unten)

So geht's

- Zeichnen Sie das Votum-Ei an die Tafel (siehe Abbildung unten). Das „Ei" wird dabei folgendermaßen von Ihnen vorstrukturiert:
  - Eigelb = Die Unterrichtsstunde empfand ich durchgehend positiv.
  - Eiweiß = Für mich war die Unterrichtsstunde gut.
  - Eischale = Ich empfand die Unterrichtsstunde wenig effektiv.
  - Äußeres = Die Unterrichtsstunde hatte für mich absolut keinen Mehrwert.
- Erläutern Sie Ihren Schülerinnen und Schülern die vier Bereiche des Eies.
- Lassen Sie Ihrer Lerngruppe dann etwas Zeit zum Überlegen, damit sie sich Gedanken machen können, in welchem Bereich sie ihr Kreuz setzen möchten und warum.
- Aufgrund der Position des Kreuzes können die Lernenden zudem Abstufungen im jeweiligen Bereich vornehmen.
- Für das Anbringen des jeweiligen Kreuzes gilt:
  - Zeichne das Kreuz nicht zu klein/nicht zu groß.
  - Niemand bewertet die Ankreuzende oder den Ankreuzenden.
  - Eine „Fremd-Beeinflussung" der eigenen Meinung ist nicht erlaubt.

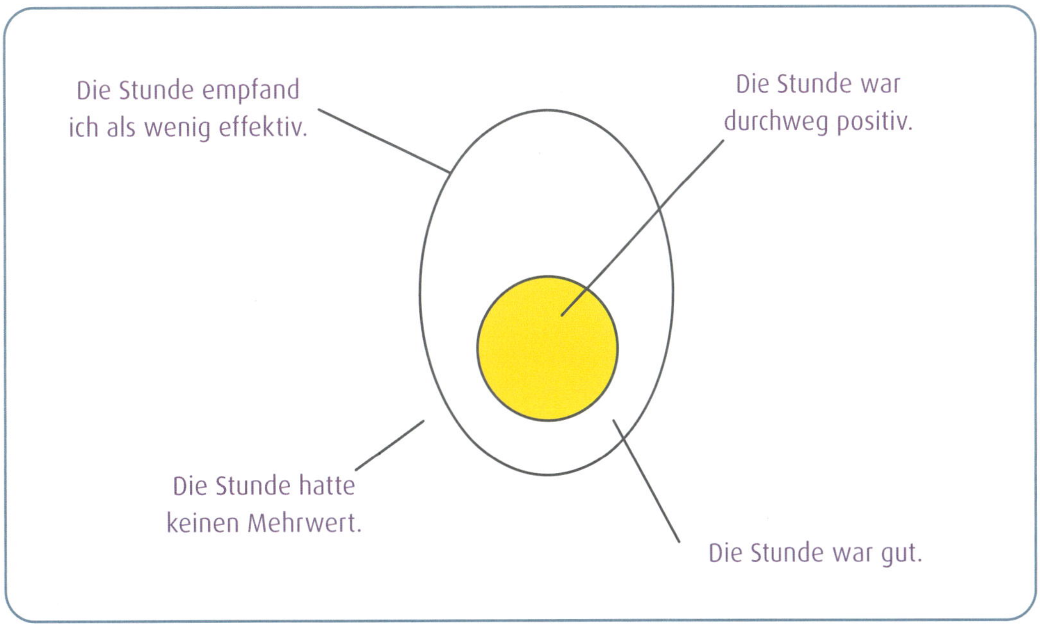

- Nachdem die Schülerinnen und Schüler ihr Kreuz im Plenum gesetzt haben, soll das Ergebnis von der Klasse begutachtet, bewertet, eingeschätzt, reflektiert und besprochen werden.

Votum-Ei

Tipps und Hinweise

- Als schnelle Feedback-Variante können die Schülerinnen und Schüler auch am Ende der Unterrichtsstunde (beim Verlassen des Raumes) ein Kreuz setzen und die anschließende Besprechung im Plenum entfällt.
- Sie können die Lernenden nach dem Setzen des Kreuzes auch auffordern, eine Begründung zu der Position des Kreuzes zu schreiben, zum Beispiel: „Ich habe das Kreuz ins Eigelb gesetzt, weil …".
- Ein authentisches Feedback erhalten Sie, wenn Sie während des Kreuz-Setzens das Klassenzimmer verlassen oder sich bewusst umdrehen.
- Wenn Sie an einer detaillierteren Rückmeldung interessiert sind, können Sie das Votum-Ei auch in mehreren Kleingruppen durchführen lassen. Vier oder fünf Schülerinnen und Schüler bilden dann ein Team und zeichnen zunächst eine Ei-Vorlage auf Plakatpapier. Anschließend reflektiert und diskutiert die Gruppe die Unterrichtsstunde und einigt sich dann auf ein gemeinsames Kreuz in der Vorlage. Diese wird abschließend von einem Gruppenmitglied im Plenum vorgestellt. Rückfragen in einem abschließenden Unterrichtsgespräch bieten sich an.
- Sie können als Lehrkraft auch ein eigenes Votum-Ei mit Ihrem Kreuz gestalten und so Ihrer Lerngruppe eine Rückmeldung zum vergangenen Unterrichtsprozess geben.
- Das Votum-Ei kann zum Beispiel auch auf eine Flipchart oder ein großes Plakat gezeichnet werden, sofern es für eine Weiterarbeit vonnöten ist.

Abb.: Anja Boretzki

W-Feedback

Darum geht's Eine Rückmeldung zu einer Unterrichtseinheit, einer Stunde, einem Vortrag, einem Experiment, einem Ausflug, einem Film, einem Projekt etc. erhalten.

Kompetenzen notieren, auf den Punkt bringen, Informationen ordnen, visualisieren, argumentieren, kommentieren, aufmerksam zuhören

Zeitaufwand ca. 30 Minuten

Material blaue, grüne und rote Moderationskarten in ausreichender Zahl, W-Fragen zum Aufhängen (Beispiel siehe Bildvorlage S. 44), Moderationsstifte, Klebeband

So geht's

- Diese Methode bietet sich an, wenn Sie nach einem Experiment, nach einer Lernphase, nach einem Film etc. eine zielgerichtete Rückmeldung von Ihrer Lerngruppe einholen möchten. Dazu hängen Sie drei W-Fragen (Beispiel siehe Bildvorlage S. 44) an die Tafel und erläutern die inhaltliche Seite:

Was war gut? | Was war schlecht? | Was hat mir gefehlt?

- Die Schülerinnen und Schüler dürfen sich nun beliebig viele Reflexionskarten (blaue, grüne und rote Moderationskarten) nehmen und diese in einer freien Schreibphase in Einzelarbeit beschriften.
- Die ausgefüllten Feedbacks werden anschließend unter der jeweiligen W-Frage bzw. unter die dazugehörige Farbe geheftet.
- Bestimmen Sie zwei Lernende, die die Verschriftlichungen thematisch ordnen. So entsteht schnell ein visueller Eindruck. Dort, wo sich Rückmeldungen inhaltlich verdichten, scheinen offensichtlich viele Schülerinnen und Schüler einer Meinung zu sein.
- Ein Unterrichtsgespräch, in dem Argumente ausgetauscht und konkretisiert werden, schließt sich an.

Tipps und Hinweise

- Das W-Feedback eignet sich für alle Schularten und Schulstufen. Die drei W-Fragen sind leicht zu verstehen, sodass sie gut in Einzelarbeit zu beantworten sind.
- Vergrößern Sie die Bildvorlage (siehe S. 44) auf DIN-A3-Papier und laminieren Sie diese. Erfahrungsgemäß nutzt man das „W-Feedback" oft, wenn die Vorlagen griffbereit im Klassenraum liegen und direkt eingesetzt werden können.
- Gibt es an Ihrer Schule kein farbiges Papier, so kann Ihre Lerngruppe auch mit blauen, grünen und roten Stiften schreiben. So kann auch eine Zuordnung zu den W-Fragen hergestellt werden.
- Möchten Sie diese Übung digital umsetzen, so verwenden Sie beispielsweise das kostenlose Programm „Mentimeter". Von Ihren Schülerinnen und Schülern eingegebene Stichworte lassen sich somit schnell zu Word-Clouds generieren. Je häufiger das gleiche Wort eingegeben wird, desto größer erscheint es in der Auswertung. Mit „Mentimeter" können Inhalte auch in Form von Sprechblasen oder Post-it-Kärtchen angepinnt werden.

W-Feedback

Was war gut?

Was war schlecht?

Was hat mir gefehlt?

Zielscheibe

Darum geht's Eine direkte Rückmeldung zum Unterrichtsgeschehen erhalten.

Kompetenzen beurteilen, reflektieren, Gewichtung treffen, zuordnen, begründen, sich einigen, visualisieren, kooperieren, präsentieren

Zeitaufwand Variante 1 (mit Begriffen) ca. 30–40 Minuten
Variante 2 (mit Schülerporträts) ca. 15–20 Minuten

Material Kopiervorlage „Zielscheibe (1/2)" (S. 47) in Klassenstärke auf A4 und in Gruppenstärke auf A3, ggf. Kopiervorlage „Zielscheibe (2/2)" (S. 48) in Klassenstärke auf A4 kopiert und in Gruppenstärke auf A3, Vorüberlegungen (einige geeignete Adjektive)

So geht's

- Teilen Sie Ihren Schülerinnen und Schülern die visualisierte Zielscheibe (siehe Kopiervorlage 1, S. 47, im A4-Format) als Arbeitsblatt aus und besprechen Sie diese.
- Die Zielscheibe ist in vier Zonen unterteilt: die Mitte und drei Ringe. Die Mitte steht für die Aussage „Ich stimme voll zu". Der äußerste Ring hat die Bedeutung „Ich stimme überhaupt nicht zu". Die inneren Ringe signalisieren jeweils eher positive oder eher negative Tendenzen. Zur Erleichterung für Ihre Lernenden ist dies in der Kopiervorlage 2 (siehe S. 48) mit Kindern und ihren entsprechenden Gesichtsausdrücken dargestellt.
- Konzentrieren Sie sich auf drei oder vier Begrifflichkeiten, die Ihren gerade durchgeführten Unterricht charakterisieren, und schreiben Sie diese an die Tafel. Dazu eignen sich Beschreibungen wie:

  - verständlich
  - kompliziert
  - interessant
  - langweilig
  - gewinnbringend
  - motivierend
  - spannend
  - lohnend
  - unnötig

- Im **ersten Schritt** arbeiten die Schülerinnen und Schüler in Einzelarbeit. Sie machen sich Gedanken zu den vorgegebenen Begriffen, reflektieren den gerade beendeten Unterricht und schreiben die Wörter in die entsprechenden Ringe der Zielscheibe.
- Anschließend erfolgt der **zweite Schritt**: Die Lernenden finden sich in Gruppen zu drei oder vier Mitgliedern zusammen. Die individuell gestalteten Zielscheiben werden auf den Tisch gelegt und es findet ein reger Austausch statt. Ziel ist es, zu jedem Begriff ein Gruppenvotum herzustellen. Dazu müssen die Schülerinnen und Schüler eventuell auch Kompromisse schließen.
- Dann erhält jedes Team eine vergrößerte Zielscheibe (siehe Kopiervorlage 1, S. 47, im A3-Format). In diese tragen die Gruppenmitglieder ihr gemeinsames Ergebnis ein.
- Hängen Sie anschließend die gestalteten Gruppen-Zielscheiben im Klassenraum auf.
- In einem Museumsgang (**dritter Schritt**) bewegen sich alle Schülerinnen und Schüler frei im Klassenraum, betrachten und vergleichen die unterschiedlichen Ergebnisse. Ähnlich wie in einem Museum ist es erlaubt, an einzelnen Exponaten zu verweilen und auch mit Mitschülerinnen und Mitschülern ansatzweise zu diskutieren.

Zielscheibe

- **Als vierter Schritt** kann eine abschließende Aussprache im Plenum erfolgen. Diese Phase ist aber fakultativ, in einigen Klassenstufen kann man auch auf diesen Schritt verzichten.

Tipps und Hinweise

- Diese Feedback-Übung ist problemlos einsetzbar. Durch die bekannte Visualisierung einer Zielscheibe wird sie zudem optisch gut unterstützt.
- Jede Schülerin und jeder Schüler wird gleich ernst genommen; jedes Votum ist gleichberechtigt und trägt zum großen Ganzen bei.
- Haben Ihre Lernenden mit dieser Übung bereits ausreichend Erfahrungen gesammelt, dann lassen Sie die Schülerinnen und Schüler selbst geeignete Adjektive für den durchgeführten Unterricht finden.
- Eine sehr schöne **Variante** dieser Methode wird durch die Kopiervorlage 2 (siehe S. 48) unterstützt. Gerade für jüngere Schülerinnen und Schüler ist diese Vorgehensweise sinnvoll. Hier werden die einzelnen Ringe in der Zielscheibe durch kleine Schülerporträts illustriert. Die unterschiedlichen Gesichtsausdrücke zeigen dabei die Bandbreite von „überglücklich" bis „tieftraurig". Diese Übung eignet sich dann, wenn sie nicht einzelne Aspekte, sondern den Unterricht im Gesamten einmal rückgemeldet haben möchten. Die Vorgehensweise ist die gleiche, wobei die Lernenden im ersten Schritt lediglich ein Kreuz an die entsprechende Stelle in der Zielscheibe setzen. Auch in dieser Variationsmethode wird in der Gruppenarbeit auf ein Gesamtergebnis fokussiert und dieses dann zur Präsentation gebracht.
- Bei beiden Durchführungen der Zielscheibe erhalten Sie erfahrungsgemäß eine meist eindeutige Rückmeldung Ihrer Lerngruppe und bekommen so ein ehrliches Stimmungsbild.
- Jede Zielscheibe kann natürlich ganz individuell gestaltet werden. Sie können zum Beispiel auch mit folgenden Symbolen oder kleinen Visualisierungen arbeiten:
  - Smileys
  - --/-/+/++
  - Wettersymbole (Sonne, Wolken, Regen, Gewitter)
  - Daumen hoch/Daumen mittig/Daumen runter
  - Farbsymbolik (helle bis dunkle Schattierungen)
- Außerhalb der Thematik „Feedback" kann die Zielscheibe auch als sprachliche Auseinandersetzung mit fachlichen Begriffen im alltäglichen Unterricht verwendet werden. Dabei werden zu Themenbereichen wie „Freundschaft", „Liebe", „Umwelt", „Beruf", „Frieden", „Klima" etc. Begriffe formuliert und diese nach Bedeutsamkeit in die Zielscheibe eingepflegt.

Zielscheibe (1/2)

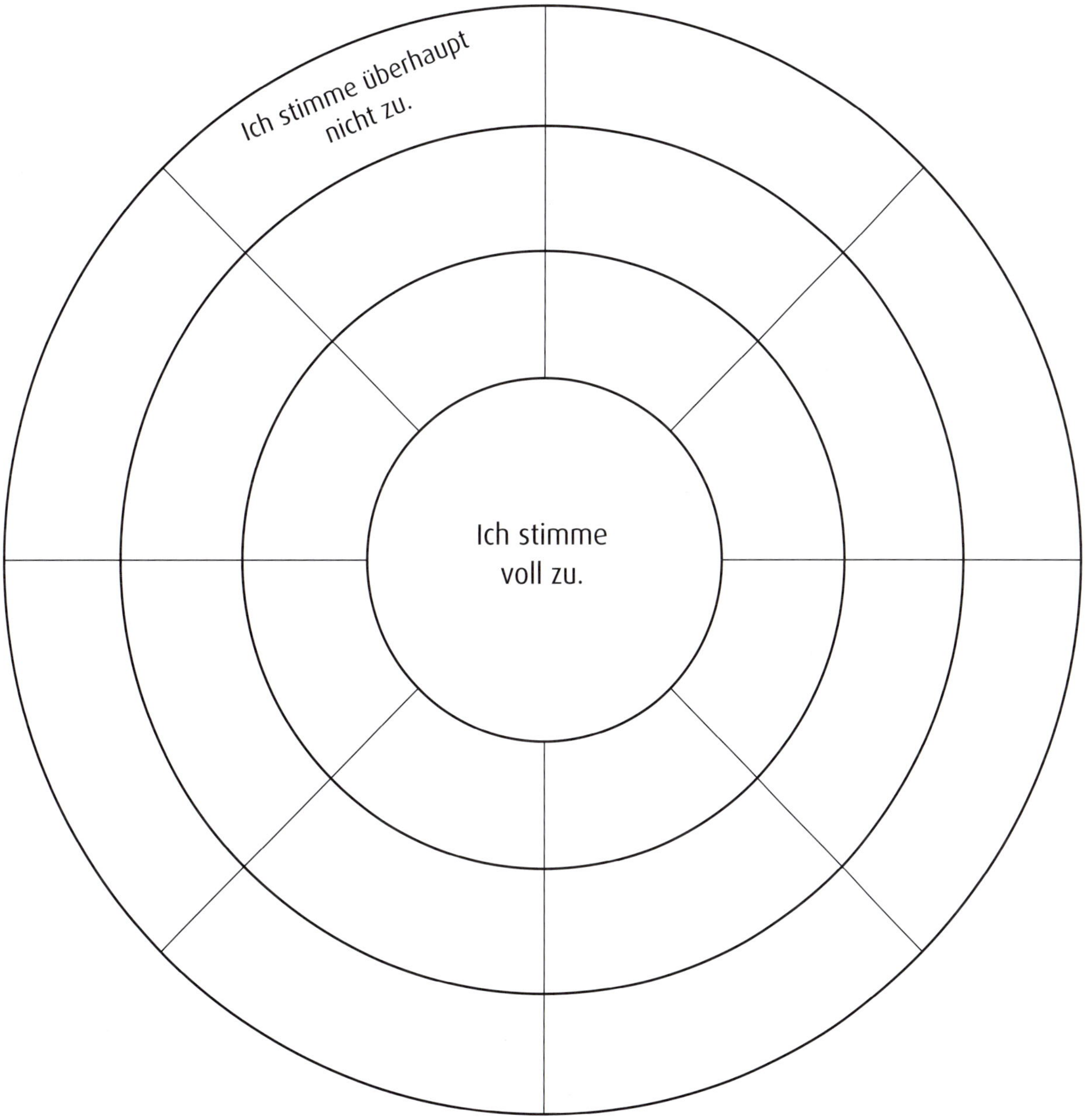

Zielscheibe (2/2)

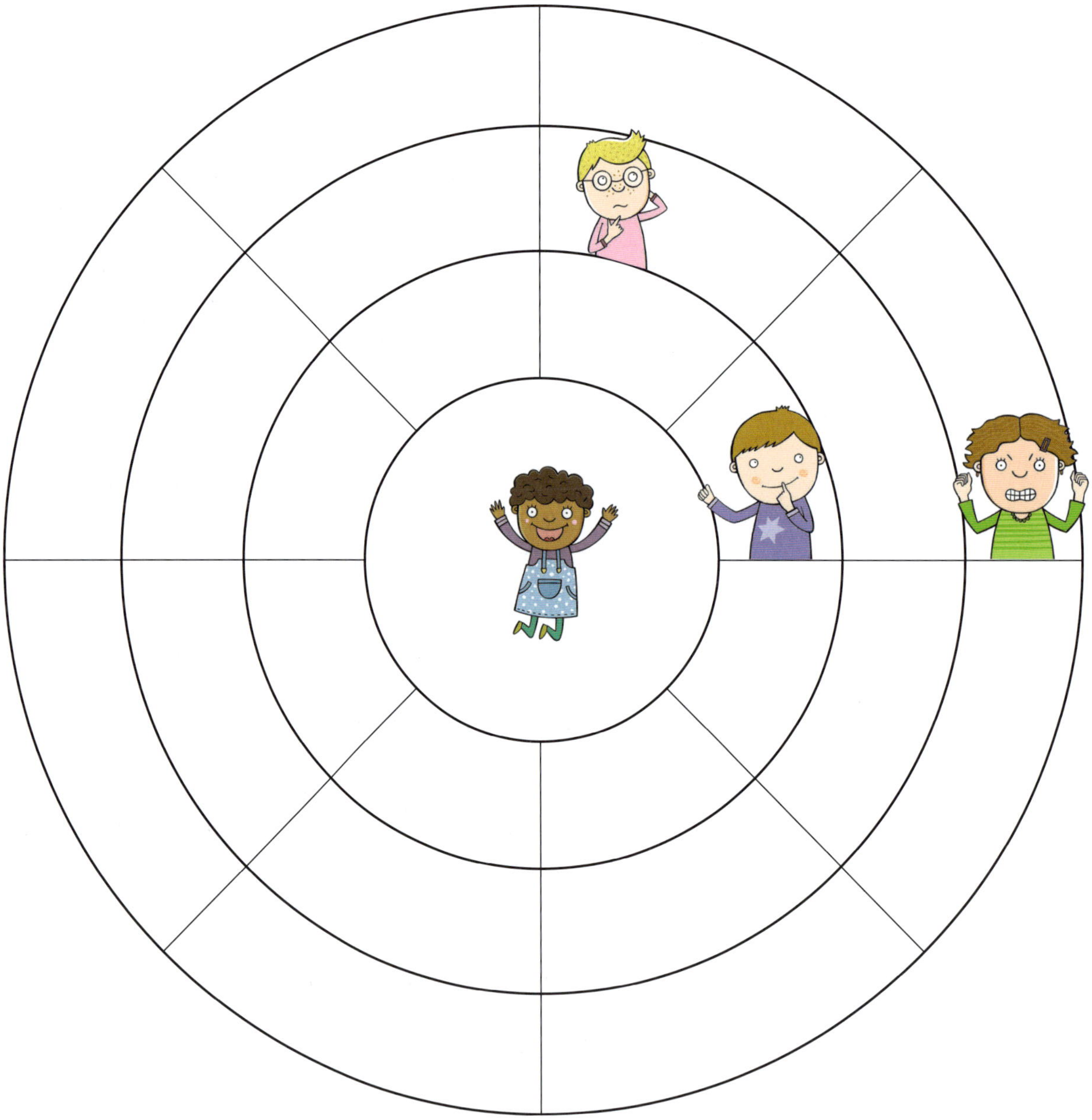

Feedback für Lernende

schriftliche Methoden

Abb.: Anja Boretzki

Beobachtungsauftrag zu einer digitalen Präsentation

Darum geht's Feedback zu einer digitalen Präsentation geben.

Kompetenzen entscheiden, zuhören, beurteilen, bewerten, Tipps geben, Tipps annehmen, argumentieren, loben, Erfahrungen weitergeben und sammeln

Zeitaufwand ca. 20 Minuten (ohne Vorbereitung der Präsentation)

Material Beobachtungsauftrag (Beispiel siehe Kopiervorlage S. 51) in Klassenstärke

So geht's

- Schülerinnen und Schüler nutzen gern mediale Mittel, um Referate und Vorträge inhaltlich zu ergänzen. Verteilen Sie für diese Methode Themen zu einer Unterrichtseinheit, die die Lernenden dann anhand einer digitalen Präsentation im Plenum vorstellen sollen.
- Lassen Sie die Schülerinnen und Schüler entscheiden, in welcher Sozialform sie arbeiten möchten. Begrenzen Sie die Gruppe jedoch auf maximal vier Personen.
- Nach der Bearbeitungsphase finden die Präsentationen im Plenum statt. Teilen Sie dazu den Beobachtungsauftrag (Beispiel siehe Kopiervorlage S. 51) an Ihre Lerngruppe aus und besprechen Sie ihn. Fragen und Unklarheiten können vorher geklärt werden.
- Während die digitalen Präsentationen vorgestellt werden, füllen die Zuhörenden den Beobachtungsbogen aus. Dieser hilft beim späteren Feedback, konkrete Punkte bei den Vortragenden anzusprechen, zu loben oder Verbesserungsvorschläge anzubringen.
- Mit dieser schnellen Übung sollen sich die Schülerinnen und Schüler mit dem Inhalt und dem Aufbau einer digitalen Präsentation auseinandersetzen. Im Vergleich zu herkömmlichen Referaten, bei denen entweder keine Hilfsmittel oder nur ein Plakat zur Verfügung stehen, liegt bei diesem Präsentationsmodell der Fokus auf den entsprechenden Folien (Seiten). Daher muss dieser Aspekt besonders betrachtet werden.

  Beispiele:
  - Hat die Präsentation zu wenige/zu viele Folien?
  - Ist zu wenig/zu viel Inhalt auf einer Folie?
  - Werden die Folien (alle) vorgelesen/frei vorgetragen?
  - Sind noch Rechtschreibfehler enthalten?

- Besprechen Sie jede Präsentation gemeinsam im Plenum und händigen Sie den Vortragenden abschließend alle Beobachtungsbögen aus.

Tipps und Hinweise

- Dieser Beobachtungsbogen bietet allen Beteiligten einen Gewinn:
  Die Vortragenden erfahren, was gut/weniger gut an ihrer digitalen Präsentation war. Die Beobachtenden werden dadurch auch für eigene digitale Präsentationen sensibilisiert und können aus den „Fehlern" der anderen lernen.

Beobachtungsauftrag zu einer digitalen Präsentation

THEMA:

Vortragende/Vortragender:

Welche Folie kann bleiben?	Folie(n) Nr.:
Welche Folie kann man weglassen?	Folie(n) Nr.:
Welche Informationen fehlen noch?	Folie(n) Nr.:
Wie beurteilst du den Aufbau der Folien?	Folie(n) Nr.:
Hast du Rechtschreibfehler gefunden?	Folie(n) Nr.:

Das möchte ich den Vortragenden mitteilen:

Feedback-Briefe

Darum geht's
Ein persönliches Abschlussstatement nach einer Unterrichtsphase, -stunde oder -einheit geben und erhalten.

Kompetenzen
reflektieren, notieren, kommentieren, loben, Hilfen benennen, Hilfen annehmen

Zeitaufwand
ca. 20–30 Minuten

Material
Moderationskarten in Klassenstärke oder Feedback-Briefe (Beispiel siehe Kopiervorlage S. 53), Moderationsstifte

So geht's

- Die Schülerinnen und Schüler erhalten je eine Moderationskarte bzw. einen Feedback-Brief (Beispiel siehe Kopiervorlage S. 53). Auf diese schreiben sie jeweils ihren Namen.
- Sammeln Sie alle Materialien ein und mischen Sie diese. Dann ziehen alle Lernenden der Reihe nach eine Karte. Es bleibt geheim, wer welchen Namen gezogen hat.
- In Einzelarbeit beantwortet jede Person folgende Fragen und notiert ihre Antworten auf der Rückseite der Karte:
  - „Was hat mir an deiner Arbeitsweise besonders gut gefallen?"
  - „Was könntest du an deiner Art, zu arbeiten, verbessern oder verändern?"
- Anschließend erhalten die Lernenden die Karte mit ihrem Namen und lesen die Rückmeldungen zu ihrer Person.
- Als Abschluss dieser Methode steht ein Unterrichtsgespräch an. In diesem berichten die Schülerinnen und Schüler, ob ihnen das rückgemeldete Feedback geholfen hat und ob sie es annehmen. In dieser Phase ist jeder und jedem selbst überlassen, ob das Geschriebene vorgelesen wird oder nicht.

Tipps und Hinweise

- Bei dieser Methode ist Eigeninitiative gefragt: Die Schülerinnen und Schüler entscheiden selbst, wie viel sie vom erhaltenen schriftlichen Feedback und von den eigenen Gedanken dazu preisgeben möchten.
- Sowohl die Tipps und Anregungen als auch die Bestärkungen zum eigenen Handeln werden den Lernenden als Impuls mitgegeben. Dies führt in fast allen Fällen zu einer kleineren oder umfangreicheren Selbstreflexion.
- Sollte eine Person die Karte mit dem eigenen Namen ziehen, so wird die Karte mit einer anderen Person getauscht.
- Es ist hilfreich, wenn Sie sich im Vorfeld die Zeit nehmen, Beispielsätze zu positiven und negativen Rückmeldungen zu thematisieren. Dies verhindert „Allgemeinsätze", wie zum Beispiel „Du hast toll gearbeitet!" oder „Deine Beiträge sind prima!".
- Auch Großformen, wie Stationenlernen oder Wochenplanarbeit, können mit dieser Methode gut rückgemeldet werden. Dies gilt auch für Unterrichtsphasen mit Tandem- oder Gruppenarbeiten.

Abb.: Anja Boretzki

Feedback-Briefe

Mein Feedback für: .... Geschrieben von: ....

Feedback-Briefe

Mein Feedback für: .... Geschrieben von: ....

© Verlag an der Ruhr | Autorenteam: Sandra und Frank Müller
Smileys: ProStockStudio – Shutterstock.com | www.verlagruhr.de

Feedback zur Plakaterstellung – Beurteilungsschema

Darum geht's Feedback zur Einhaltung der Plakatregeln geben.

Kompetenzen vergleichen, beurteilen, bewerten, diskutieren, begründen, abwägen, überprüfen, vorstellen, eigene Meinung vertreten

Zeitaufwand ca. 30 Minuten

Material Beurteilungsschema (Beispiel siehe Kopiervorlage S. 55) in Klassenstärke

So geht's

- Erarbeiten Sie im Vorfeld mit den Lernenden ein Thema, das sich zu einer abschließenden Plakatarbeit anbietet.
- Sprechen Sie im Anschluss mit den Schülerinnen und Schülern über Plakatregeln. Hierbei hat es sich bewährt, ein weniger gelungenes Plakat sowie ein besonders gutes Plakat im Klassenzimmer aufzuhängen und von den Lernenden beurteilen zu lassen. Daraus können sich zum Beispiel folgende Plakatregeln ergeben:
  - Jedes Plakat hat eine Überschrift.
  - Plakate werden sorgfältig gestaltet.
  - Achte auf die Fernwirkung.
  - Bilder, Fotos und Zeichnungen machen Plakate lebendiger und interessanter.
  - Texte werden handschriftlich hinzugefügt.
  - Jedes Gruppenmitglied übernimmt einen Teil der Arbeit und muss sich aktiv beteiligen.

Abb.: Anja Boretzki

- Die Lernenden sollen sich dann in Gruppen von zwei bis maximal vier Personen zusammenfinden und diese Regeln umsetzen.
- Hängen Sie die fertigen Plakate im Klassenraum auf.
  Die Lernenden sollen nun prüfen, ob die Plakatregeln von den Gruppen eingehalten wurden. Dazu teilen Sie den Schülerinnen und Schülern das Beurteilungsschema (Beispiel siehe Kopiervorlage S. 55) aus. Dieses wird in Einzelarbeit ausgefüllt und dient anschließend bei der Besprechung im Plenum als Gedankenvorlage.

Tipps und Hinweise

- Nachdem das Beurteilungsschema in Einzelarbeit bearbeitet wurde, können Sie die Lernenden auch in Zufallsgruppen einteilen. In diesen vergleichen sie ihre Ergebnisse und geben der jeweiligen „Plakatgruppe" zwei Tipps und zwei lobende Rückmeldungen. Die ergänzten Schemata werden neben die Plakate geheftet. Auch hier bietet sich zusätzlich ein Unterrichtsgespräch an.
- Auch wenn eine Plakatarbeit zeitlich einen großen Raum einnimmt, ist es jedoch besonders wichtig, den Schülerinnen und Schülern abschließend die Möglichkeit zu geben, das Plakat (nach den Verbesserungsvorschlägen) neu zu gestalten. Denn nach einem „trial and error" sollte direkt die Verbesserung stattfinden. Es ist eine für die Zukunft lohnende Investition.

Feedback zur Plakaterstellung

SO BEWERTE ICH EUER PLAKAT:

Kreuze an.			
Das Plakat hat eine Überschrift.			
Das Plakat wurde sorgfältig erstellt.			
Es wurde auf die Fernwirkung geachtet.			
Bilder, Fotos und/oder Zeichnungen sind enthalten.			
Die Texte wurden handschriftlich angefertigt.			
Jedes Gruppenmitglied hat bei der Plakatarbeit mitgewirkt.			

Folgendes möchte ich euch mitteilen:

....

....

....

....

....

....

....

Feedback zur Plakatpräsentation

Darum geht's Eine Plakatpräsentation anhand festgelegter Kriterien bewerten.

Kompetenzen beobachten, zuhören, vergleichen, beurteilen, einen Vortrag/eine Präsentation vorbereiten, Tipps geben, loben, kritisieren, diskutieren, Lob/Kritik annehmen

Zeitaufwand ca. 15 Minuten (für ein Feedback)

Material Beurteilungsschema (Beispiel siehe Kopiervorlage S. 58) in Klassenstärke

So geht's

- Freies Reden fällt vielen Schülerinnen und Schülern nicht leicht. Daher ist es für die Lernenden meist hilfreich, wenn sie zum einen ein Plakat als Hilfsmittel verwenden können und zum anderen auch andere Gruppenmitglieder unterstützend neben sich stehen haben, mit denen sie gemeinsam einen Vortrag halten.
- Besprechen Sie mit Ihrer Lerngruppe im Vorfeld, auf welche Aspekte Sie bei einer Plakatpräsentation besonderen Wert legen. Das können zum Beispiel folgende Punkte sein:

Während der Präsentation

- Wird das Thema des Vortrags genannt?
- Stehen die Vortragenden neben dem Plakat, sodass alles gut zu sehen/erkennen ist?
- Sprechen die Vortragenden die meiste Zeit frei?
- Stellt jedes Gruppenmitglied einen Teil vor?
- Sind die Beiträge etwa gleich lang?
- Ist der Inhalt verständlich?
- Wird das Plakat in den Vortrag mit eingebunden?
- Leitet ein Gruppenmitglied zum anderen über?

Nach der Präsentation

- Wurde die Präsentation vorbereitet und geübt?
- Konnten Rückfragen beantwortet werden?
- Wie war die Lautstärke der einzelnen Vortragenden?
- Wie war das Sprechtempo der Vortragenden?
- Wie war die Gestik/Mimik der Vortragenden?

- Die von Ihnen oder gemeinsam mit Ihren Schülerinnen und Schülern festgelegten Vortragsregeln werden im entsprechenden Heft oder an einer Wand im Klassenraum festgehalten. Erklären Sie den Lernenden, dass diese Regeln auch als Grundlage für eine Notenfindung gelten.
- Im nächsten Schritt sollen die Schülerinnen und Schüler ihre Präsentationen einüben und dabei die festgelegten Vortragsregeln berücksichtigen.
- Teilen Sie den Zuhörenden bereits vor der Präsentation ein Beurteilungsschema aus (Beispiel siehe Kopiervorlage S. 58). Dieses wird während bzw. nach dem Vortrag von den Schülerinnen und Schülern ausgefüllt.
- Nach der Präsentation erhalten die Vortragenden Feedback aus der Klasse. Dazu wählen die Vortragenden selbst die Feedbackgeberinnen und -geber aus, die mithilfe des Beurteilungsschemas eine Rückmeldung zur gehörten und gesehenen Präsentation geben. Kommt es immer wieder zu den gleichen inhaltlichen Rückmeldebeiträgen, stoppen Sie das Feedback und lassen nur noch Ergänzungen zum bereits Gehörten zu.

Feedback zur Plakatpräsentation

- Es ist sinnvoll, dass Sie am Ende das Gesagte nochmals kurz zusammenfassen.
- Die schriftlichen Beurteilungsschemata werden an die jeweilige Präsentationsgruppe ausgeteilt und können somit als Erinnerungsstütze für das nächste Referat fungieren.
- Damit sich das Vortragen bei Ihren Schülerinnen und Schülern festigt, wiederholen Sie das Präsentieren vor der Klasse auch in kürzeren Sequenzen. Dies kann zum Beispiel sein, indem Sie den Lernenden vor dem Plenum die Möglichkeit geben, ...
    - Arbeitsaufträge kurz wiederholen zu lassen.
    - Ergebnisse der Hausaufgaben vorzustellen.
    - ihre Standpunkte bei Pro- und Kontra-Diskussionen zu erläutern.
    - ihren Mitschülerinnen und Mitschülern zu erzählen, wie das Wochenende war.
    - Wünsche in der Klasse zu äußern.
- Diese kleinen Übungen sollen den Schülerinnen und Schülern helfen, die Rededistanz vom Platz und vor der Klasse immer kleiner werden zu lassen.

Tipps und Hinweise

- Weisen Sie vor jeder künftigen Präsentation auf die festgelegten Vortragsregeln hin oder teilen Sie von Ihnen erstellte „Regeln für einen guten Vortrag“ in Papierform aus. Dann kennen die Schülerinnen und Schüler als auch die Eltern die Bewertungskriterien.
- Die ersten Präsentationsversuche sollten stets ohne Notendruck erfolgen. Bieten Sie den Schülerinnen und Schüler daher die Möglichkeit, sich zunächst selbst in vortragenden Situationen kennenlernen zu dürfen, um mit dem Druck des „Vor-der-Klasse-Stehens“ umgehen zu können. Dies sind schon enorme Herausforderungen. Hinzu kommt dann noch, das Gelernte - wenn möglich - frei vor der Klasse zu referieren. Geben Sie den Lernenden daher Zeit, sich in der neuen Situation zurechtzufinden.
- Achten Sie darauf, dass der Vortrag nicht nur negativ rückgemeldet wird. Es hat sich bewährt, zunächst mit einer „Das hat mir sehr gut an eurem Vortrag gefallen!“-Runde zu starten und anschließend Tipps zu sammeln, wie die Vortragenden die Präsentation noch besser gestalten könnten.

Abb.: Anja Boretzki

Beurteilungsschema für eine Plakatpräsentation

Vortragende:

Kreuze an und ergänze, wenn nötig.

	JA	**NEIN**	**ZUM TEIL** Warum? Begründe:
Wird das Vortragsthema genannt?			
Ist das Plakat zu sehen?			
Sprechen die Vortragenden frei?			
Stellt jedes Gruppenmitglied etwas vor?			
Sind die Redebeiträge etwa gleich lang?			
Ist der Inhalt verständlich?			
Wird das Plakat in den Vortrag eingebunden?			
Leitet ein Gruppenmitglied zum anderen über?			
Wurde die Präsentation vorbereitet und geübt?			
Konnten Rückfragen beantwortet werden?			
Name der Schülerin/des Schülers	**Lautstärke**	**Sprechtempo**	**Gestik/Mimik**

5 Zeilen in 5 Minuten

Darum geht's Den aktuellen Lernstand einschätzen.

Kompetenzen brainstormen, reflektieren, beschreiben, notieren, präsentieren

Zeitaufwand ca. 20 Minuten

Material Kopiervorlage „5 Zeilen in 5 Minuten" (Beispiel siehe S. 60) in Klassenstärke, Klingel oder anderes akustisches Signal

So geht's

- Teilen Sie am Ende einer Unterrichtsstunde, einer Doppelstunde oder Unterrichtseinheit die Kopiervorlage „5 Zeilen in 5 Minuten" (Beispiel siehe S. 60) aus.
- Auf dieser sollen die Schülerinnen und Schüler in fünf Zeilen und in insgesamt 5 Minuten (je eine Minute pro Zeile) eine eigene schnelle Einschätzung über ihren Lernstand in schriftlicher Form abgeben. Wenn eine Bearbeitungsminute abgelaufen ist, signalisieren Sie dies mit einem akustischen Signal.

  1. Zeile: Welche Unterrichtsinhalte waren für mich neu? Was habe ich gelernt?
  2. Zeile: Was fand ich an dem Thema wichtig und interessant?
  3. Zeile: Welche Informationen waren für mich überflüssig?
  4. Zeile: An welchem Punkt des Unterrichtsstoffes möchte ich gern weiterarbeiten?
  5. Zeile: Was habe ich noch nicht genau verstanden? Wo kann ich mir Hilfe holen?

- Anschließend werden im Plenum zu jeder Zeile Schülermeldungen entgegengenommen und besprochen.
- Die Lernenden sollen die Kopiervorlage als ihren persönlichen Leitfaden für die Weiterarbeit am Unterrichtsstoff nutzen und zum Beispiel Unklarheiten klären. Dies beinhaltet auch eine (fakultative) eigene Weiterarbeit ein.

Tipps und Hinweise

- Geben Sie den Schülerinnen und Schülern die Kopiervorlage regelmäßig an die Hand, damit ihnen bewusst wird, wo ihre Stärken und Schwächen in Bezug auf das jeweilige Unterrichtsthema liegen.
- Als Lehrkraft sollten Sie vor allem die 5. Zeile „Was habe ich noch nicht genau verstanden?" bei Ihren Lernenden im Blick behalten. Lassen Sie sich zeigen, dass die Verständnislücken geschlossen wurden, und fragen Sie nach, wie die einzelnen Schülerinnen und Schüler dies bewerkstelligt haben. Dies zeigt Ihrer Lerngruppe, dass es auch Ihnen als Lehrkraft wichtig ist, Ihre Schülerinnen und Schüler in ihrem Tun zu begleiten und zu unterstützen.
- Diese Feedback-Form ist zunächst für die Schülerinnen und Schüler gedacht, um einen IST-Stand in ihrem Lernverlauf festzulegen. Aber auch für Sie ist diese Rückmeldung ein wichtiges Feedback. Denn Sie erhalten Aufschluss über Ihren Unterricht und/oder die Interessen Ihrer Lerngruppe.

5 Zeilen in 5 Minuten

**Notiere in jeder Zeile deine eigene Einschätzung.
Fasse dich kurz. Du hast für jede Zeile nur 1 Minute Zeit.**

- Welche Unterrichtsinhalte waren für mich neu? Was habe ich gelernt?

....

- Was fand ich an dem Thema wichtig und interessant?

....

- Welche Informationen waren für mich überflüssig?

....

- An welchem Punkt des Unterrichtsstoffes möchte ich gern weiterarbeiten?

....

- Was habe ich noch nicht genau verstanden? Wo kann ich mir Hilfe holen?

....

Hausaufgaben-Protokoll

Darum geht's Ein Wochenprotokoll zum Thema „Hausaufgaben“ führen.

Kompetenzen auswählen, entscheiden, rückmelden, kommentieren

Zeitaufwand ca. 1 Minute täglich für Schülerinnen und Schüler, abschließend 20–30 Minuten für das persönliche Feedback-Schreiben der Lehrkraft

Material Beobachtungsprotokoll (Beispiel siehe Kopiervorlage S. 62) in Klassenstärke

So geht's

- Bei folgender Selbstreflexion sollen sich die Schülerinnen und Schüler ein ehrliches Hausaufgaben-Feedback geben.
- Nach einer kurzen Themeneinführung teilen Sie dazu Ihren Lernenden das Beobachtungsprotokoll (Beispiel siehe Kopiervorlage S. 62) aus. Dieses wird inhaltlich besprochen.
- Nachdem die Lerngruppe die Vorlage eine Woche lang bearbeitet hat, wird der Bogen an die Lehrkraft zurückgegeben.
- Auf diesem schreiben Sie dann ein kurzes, aber individuelles Feedback an jede Schülerin und an jeden Schüler.
- Nachdem alle Lernenden ihr Hausaufgaben-Protokoll zurückerhalten haben, fassen Sie im Plenum zusammen, zu welchen Ergebnissen Sie gekommen sind. Lassen Sie aber auch Ihrer Lerngruppe den Freiraum, sich positiv als auch kritisch zu äußern.

Tipps und Hinweise

- Sie können den Beobachtungsbogen zu Hause oder jeden Tag in der Schule bearbeiten lassen. Da die Schülerinnen und Schüler nur zwei Symbole ankreuzen sollen, erfordert die Aufgabe nur wenig Zeit.
- Sie können die Vorlage derart verändern, dass auch die Eltern ein Feedback über das Hausaufgabenverhalten ihrer Kinder abgeben können. Denn viele Schülerinnen und Schüler müssen sich zu Hause eine „Hausaufgaben-Kultur“ aufbauen. Dafür benötigen sie neben einer festen Struktur auch die Unterstützung der Eltern oder Sorgeberechtigten.
- Der Einsatz des Beobachtungsprotokolls ist auch in Schulen mit Nachmittagsbetreuung oder in Schulen mit freiwilligem Lernangebot (Hausaufgabenbetreuung) zu empfehlen.
- Lassen Sie sich von Ihrer Lerngruppe abschließend ein mündliches Feedback zu dieser Übung geben. Folgende Fragen können u. a. gestellt werden:
  - „Wie habt ihr euch bei der Übung gefühlt?“
  - „Ist es euch schwergefallen, die passenden Kreuze zu setzen?“
  - „Konntet ihr wahrheitsgemäß die Fragen beantworten?“
  - „Warum, denkt ihr, habe ich euch das Hausaufgabenprotokoll bearbeiten lassen?“
  - „Welche Erkenntnisse habt ihr aus der Übersicht gezogen?“
  - „Für wen von euch war die Übung hilfreich?“
  - „Wie kann ich euch weiterhin unterstützen?“

Abb.: Anja Boretzki

Hausaufgaben-Protokoll

HAUSAUFGABENPROTOKOLL

	Ich habe meine Hausaufgaben komplett und ordentlich erledigt.	So habe ich mich in der Schule gefühlt, als wir die Hausaufgaben besprochen haben.
Montag		
Dienstag		
Mittwoch		
Donnerstag		
Freitag		

Unterschrift Schülerin/Schüler: ....

FEEDBACK VON DER LEHRKRAFT:

Unterschrift Lehrerin/Lehrer: ....

Hilfreich oder hemmend?

Abb.: Anja Boretzki

Darum geht's Das eigene Lernverhalten überdenken.

Kompetenzen reflektieren, notieren, erläutern, eigene Meinung vertreten, diskutieren, argumentieren, sich einigen, kommentieren, nachfragen

Zeitaufwand ca. 45–60 Minuten

Material Einschätzungsbogen (Beispiel siehe Kopiervorlage S. 64) in Klassenstärke, Moderationskarten (je 6 Karten pro Gruppe), Moderationsstifte

So geht's

- Nennen Sie das Thema der Unterrichtsstunde: „Was weiß ich über mein Lernverhalten?".
- Als Material stellen Sie für jede Schülerin und für jeden Schüler Ihrer Lerngruppe einen Einschätzungsbogen (Beispiel siehe Kopiervorlage S. 64) zur Verfügung. Auf diesem befinden sich zwei vorgedruckte Spalten mit „pro"- (nützlich, hilfreich) und „kontra"- (hindernd, blockierend) Argumenten.
- In Einzelarbeit sammeln die Lernenden hilfreiche und hemmende Begründungen für ihr Lernverhalten und tragen diese in die beiden Spalten ein.
- In einer Zufallsgruppe zu ca. vier Personen werden die Ideen ausgetauscht. Die Gruppe einigt sich auf drei Pro- und drei Kontra-Argumente und überträgt diese auf ihre Moderationskarten.
- Eine Präsentationsphase schließt sich an. Die Sprecherinnen und Sprecher jeder Gruppe heften ihre Karten an die Tafel und erläutern diese kurz. So entsteht ein Cluster an positiven wie negativen Faktoren für das Lernverhalten.
- In einer gemeinsamen Diskussion kann nun eine gezielte Auswertung erfolgen.
- Als Abschluss notieren alle Lernenden ein individuelles Ergebnis auf ihrem Arbeitsblatt. Dies kann ein wesentlicher Tipp sein, aber auch ein hinderndes Verhalten, das man in Zukunft vermeiden möchte.

Tipps und Hinweise

- Eine ähnliche Lehrer-Feedback-Methode ist die „Kraftfeldanalyse" (siehe S. 20).
- Diese Übung ist durch die didaktische Nähe zu einer Erörterung vor allem für Schülerinnen und Schüler ab Klassenstufe 8 geeignet.
- Bewahren Sie die Ergebnisse auf und nehmen Sie einige Wochen später (als Wiederholung/Erinnerung) nochmal Bezug darauf.
- Diese Arbeitsweise ist nicht nur im Bereich „Feedback" nützlich, sondern kann auch bei Thesendiskussionen gewinnbringend eingesetzt werden. Dann wird die Impulsfrage am Anfang der Stunde genannt und die Schülerinnen und Schüler agieren genau wie in dieser Übung.
- Wenn Sie mit Ihrer Klasse vorrangig digital arbeiten, können Sie diese Übung auch mit „Task Cards" verbinden. Dahinter versteckt sich eine digitale Pinnwand, auf der Sie allein oder auch zusammen mit Ihrer Lerngruppe die Pro- und Kontra-Argumente „anpinnen" können.

Hilfreich oder hemmend?

Name: .... Klasse: .... Datum: ....

Was weiß ich über mein Lernverhalten?

Dieser Bogen soll dich zum Nachdenken über dein Lernverhalten anregen.
Fülle dazu deine Einschätzungen in die entsprechenden Spalten.

Was ist hilfreich für mein Lernen?	Was behindert mein Lernen?
👍	👎
👍	👎
👍	👎
👍	👎
👍	👎
👍	👎
👍	👎
👍	👎

Welches Ergebnis (welche Idee) möchte ich für mich festhalten?

....

....

....

....

Handynachricht

Darum geht's Kurzes Lob und kurze Kritik für ein gutes „Wir-Gefühl" formulieren.

Kompetenzen reflektieren, loben, beanstanden, fokussieren, stringent formulieren, Lob/Kritik annehmen, beurteilen

Zeitaufwand ca. 20–30 Minuten

Material Handy-Bildvorlage (Beispiel siehe Kopiervorlage S. 66) in Klassenstärke

So geht's

- Bei dieser Übung sollen die Lernenden einer anderen Person etwas Positives (aber auch Verbesserungsvorschläge) zu ihrem Verhalten mitteilen. Dazu wird ausgelost, wer wem eine Rückmeldung schreibt. Das Besondere an dieser Methode ist, dass die Lernenden sich in ihrem Feedback kurzfassen müssen.
- Teilen Sie dann die Handy-Bildvorlage (Beispiel siehe Kopiervorlage S. 66) aus. Erklären Sie Ihren Schülerinnen und Schülern, dass sie nun eine Kurznachricht für ihre zugeloste Person schreiben sollen. Allerdings dürfen sie dabei nur maximal 100 Zeichen setzen. Dazu zählen neben den Buchstaben auch Symbole und Leerzeichen.
- Geben Sie der Lerngruppe eine Zeitvorgabe von 10 Minuten, um die Nachricht zu schreiben.
- Anschließend werden die Nachrichten an die jeweiligen Empfängerinnen und Empfänger ausgeteilt. Diese dürfen sie im Plenum laut vorlesen. Andere Mitschülerinnen und Mitschüler können anschließend noch ihre Meinung ergänzen.

Tipps und Hinweise

- Besprechen Sie mit Ihrer Lerngruppe vorab, wie Lob und Kritik formuliert werden sollen (eher ermutigen, anstatt zu demütigen), und geben Sie Ihren Schülerinnen und Schülern dazu ein paar Beispiele an die Hand.
- Das Vorlesen der Nachricht sollte auf dem Prinzip der Freiwilligkeit beruhen. Zwingen Sie niemanden dazu.
- Damit das Statement auch nicht zu kurz ausfällt, macht es Sinn, einen „Zeichenraum" (zum Beispiel 80–100 Zeichen) vorzugeben. In diesem dürfen sich die Schülerinnen und Schüler frei bewegen.

Illustration Handy: © art of line – Shutterstock.com

Handynachricht

Leistungs-Feedback

Darum geht's Eine (einfache) Rückmeldung am Ende eines Tests/einer Klassenarbeit geben.

Kompetenzen Rückmeldung lesen, reflektieren, überdenken, nachvollziehen, nacharbeiten, Hilfen annehmen

Zeitaufwand max. 5 Minuten pro Person, je nach Aufwand des Bogens

Material Rückmeldebogen (Beispiel siehe Kopiervorlage S. 68) in Klassenstärke

So geht's

- Nachdem Sie einen Test oder eine Klassenarbeit korrigiert haben, können Sie Ihren Schülerinnen und Schülern eine individuelle, jedoch auch fundierte Rückmeldung über deren dargebrachte Leistung schreiben. Diese kann sehr kurz direkt unter dem Leistungsnachweis notiert werden. Sie können sich jedoch auch die Zeit nehmen und einen Rückmeldebogen (Beispiel siehe Kopiervorlage S. 68) ausfüllen. Dieser kann folgende Rückmeldepunkte liefern:
  - „Das hat mir an deiner Arbeit gut gefallen ..."
  - „Beim Thema/bei den Aufgaben .... könntest du dir mehr Mühe geben, denn ..."
  - „In diesem Themenbereich solltest du unbedingt die Aufgaben ... nacharbeiten."
  - „Positiv aufgefallen ist mir ..."
  - „Du hast während der Lernzielkontrolle konzentriert gearbeitet ..."
  - „Loben möchte ich dich, weil ..."
- Teilen Sie das Leistungs-Feedback zusammen mit dem Test oder der Klassenarbeit aus.

Tipps und Hinweise

- Es ist sowohl für die Schülerinnen und Schüler als auch für die Eltern wichtig, eine ausführliche Leistungsrückmeldung zu erhalten. Allein die Note sagt manchmal nicht viel aus, da weder die Lernenden noch die Eltern wissen, an welchen Stellen sie beim Lernen besser ansetzen könnten. Ihre Transparenz schenkt Vertrauen und Sicherheit.
- Lassen Sie die Möglichkeit zu, dass Ihre Lernenden Rückfragen stellen können, um Unklarheiten zu klären.
- Bieten Sie Ihrer Lerngruppe zusätzlich an, individuelle Lerntipps bei Ihnen einzuholen.
- Geben Sie, wenn möglich, oft ein Leistungs-Feedback. So können Routinen entstehen und die Schülerinnen und Schüler fühlen sich von Ihnen zusätzlich gut betreut.
- Lassen Sie Ihre Rückmeldungen von den Sorgeberechtigten und von den Lernenden unterschreiben. Dies schafft Verbindlichkeit und sorgt für ein gutes Miteinander.
- Diese Form des Feedbacks lässt sich in jeder Klassenstufe und Schulart gut einsetzen.

Abb.: Anja Boretzki

Leistungs-Feedback

EIN FEEDBACK ZU DEINER LEISTUNG	
Name der Schülerin/des Schülers:	Datum der Lernzielkontrolle:
Das hat mir an deiner Arbeit gut gefallen:	Folgendes hat dir offensichtlich Mühe bereitet:
Folgende Tipps könnten dir helfen:	
Ich möchte dich loben, weil ...	
Unterschrift der Schülerin/des Schülers:	Unterschrift einer/eines Sorgeberechtigten:

Mein persönliches Feedback während einer Gruppenarbeit

Darum geht's Sich selbst ein Feedback zum eigenen Lernprozess geben.

Kompetenzen beschreiben, reflektieren, notieren

Zeitaufwand ca. 10 Minuten

Material Feedback-Bogen (Beispiel siehe Kopiervorlage S. 70) in Klassenstärke

So geht's

- Jede Schülerin und jeder Schüler erhält nach einer Gruppenarbeit einen Feedback-Bogen, auf dem eine persönliche Einschätzung über das Arbeitsverhalten, über den Lernprozess und die eigene Arbeitsweise während der Gruppenarbeit festgehalten werden soll. Das Dokument wird später an die Lehrkraft zurückgegeben.
- Lesen Sie Ihrerseits das Feedback Ihrer Schülerinnen und Schüler durch und schreiben Sie ihre persönlichen Eindrücke an die entsprechenden Stellen des Feedback-Bogens.
- Decken sich Ihre Beobachtungen nicht mit den Notizen der Lernenden, so führen Sie mit der entsprechenden Person nach Rückgabe des Bogens ein ausführliches Ursachengespräch.
- Folgende Fragen und Sätze können dabei hilfreich sein:
    - „Hast du den Bogen ernsthaft und sorgfältig ausgefüllt?"
    - „Komm, lass uns das Arbeitsblatt noch einmal Schritt für Schritt durchgehen ..."
    - „Ich habe mir notiert, dass du nur einmal das Arbeitsmaterial für die Gruppenarbeit dabeihattest. Habe ich etwas übersehen?"
    - „Darf ich dich fragen, wie deine Gruppenmitglieder deine Arbeit rückgemeldet haben?"
    - „Wie würdest du deine Leistung im Team bewerten?"
- Erfahrungsgemäß sind solche Gespräche sehr hilfreich. Denn einerseits geben sich die Lernenden bei der nächsten Gruppenarbeit mehr Mühe und/oder füllen auch den Feedback-Bogen sorgfältiger aus. Andererseits merken die Schülerinnen und Schüler, dass die Lehrkraft sie auch während der Gruppenarbeiten beobachtet, Positives sowie Negatives wahrnimmt und vor allem auch persönlich anspricht.

Abb.: Anja Boretzki

Tipps und Hinweise

- Lassen Sie den Feedback-Bogen von einer bzw. einem Sorgeberechtigten unterschreiben. Dies sorgt für Transparenz.
- Setzen Sie, wenn möglich, nach jeder Gruppenarbeit den Feedback-Bogen ein. Dies schafft Routine.
- Zudem können Sie auch die Feedback-Bögen über das gesamte Schuljahr sammeln und am Ende überprüfen, ob sich das Arbeitsverhalten verändert hat.

Mein persönliches Feedback während einer Gruppenarbeit

Gruppenarbeit zum Thema: ....

Datum:

Name:

Klasse:

	Meine Einschätzung			Einschätzung der Lehrkraft		
	☺	😐	☹	☺	😐	☹
Ich arbeite mit den anderen als Team zusammen.						
Ich bringe eigene Ideen und Vorschläge ein.						
Das waren meine Aufgaben:						
Ich habe meine Aufgaben alle ordentlich geschafft.						
Ich hatte immer meine Arbeitsmaterialien dabei.						
Meine Hausaufgaben habe ich sorgfältig erledigt.						
Was ist mir gut gelungen?	Das kann ich das nächste Mal besser machen:					
Mein Notenvorschlag:	**1**	**2**	**3**	**4**	**5**	**6**
Noteneinschätzung der Lehrkraft:	**1**	**2**	**3**	**4**	**5**	**6**
Kommentar der Lehrkraft:						
Unterschrift einer/eines Sorgeberechtigten:						

Reflexionshand

Darum geht's Den eigenen Lern- und Arbeitsprozess bewerten.

Kompetenzen assoziieren, auf den Punkt bringen, Gefühle ausdrücken, auswählen, beschreiben, entscheiden, Informationen ordnen, gestalten, notieren, präsentieren

Zeitaufwand ca. 30 Minuten

Material Handumriss mit Fragen und leerer Handumriss (Beispiele siehe Kopiervorlage S. 72) in Klassenstärke, ggf. leere DIN-A4-Blätter in Klassenstärke

So geht's

- Kinder und Jugendliche können als aktive Personen im Prozess sehr gut einschätzen, inwiefern sie der Unterricht beim Lernen unterstützt. Das Hinterfragen (inhaltlich und/oder methodisch) des eigenen Lern- und Arbeitsprozesses nach einer Unterrichtsstunde hilft nicht nur den Lernenden selbst, sondern gibt auch der Lehrkraft Aufschluss darüber, wie sie den Unterricht evtl. noch passgenauer auf die Lerngruppe ausrichten kann.
- Teilen Sie den Schülerinnen und Schülern die Umrisse einer Hand (einmal mit Fragen und einmal leer, Beispiele siehe Kopiervorlage S. 72) aus. Besprechen Sie im Plenum die Fragen, die an den jeweiligen Fingern verortet sind (Klärungsphase).
- Im Anschluss sollen alle Lernenden die Fragen individuell beantworten. Dazu können sie entweder den leeren Umriss verwenden oder Sie teilen den Schülerinnen und Schüler zusätzlich ein leeres DIN-A4-Blatt aus. Darauf zeichnen sie den Umriss ihrer eigenen Hand und befüllen diese. Das Thema der Unterrichtsstunde wird – wie auf der Vorlage – auf den „Handrücken" geschrieben. Die Antworten zu den vorgegebenen Fragen notieren die Lernenden in den betreffenden Fingern.
- Alle Lernenden dürfen ihr Ergebnis an die Wand heften und in einem Museumsrundgang die Werke der anderen betrachten. Auf Rückfragen soll natürlich geantwortet werden.

Tipps und Hinweise

- Erfahrungsgemäß ist das Arbeiten mit Handgesten bei den Lernenden sehr beliebt und motivierend. Die Verknüpfung bekannter Gesten mit Unterrichtsinhalten fällt leicht und bleibt besonders gut im Gedächtnis.
- Die Methode ist kurz und einfach und benötigt wenig Vorbereitungsaufwand.
- Sie können die Methode auch ohne Kopiervorlage durchführen. Stellen Sie dazu den Handumriss mit den Fragen an der Tafel dar und lassen Sie die Lernenden ihre Handumrisse selbst zeichnen.
- Wenn Sie die Methode mehrfach einsetzen, können Sie den leeren Handumriss auch in Klassenstärke laminieren, mit wasserlöslichen Stiften beschriften lassen und am Ende jeder Übung von den Schülerinnen und Schülern wieder einsammeln.
- Die „Reflexionshand" kann auch mündlich durchgeführt werden. Eine Vorlage mit den Fragen wird zunächst gut sichtbar für die Lernenden im Raum installiert (zum Beispiel an der Tafel oder auf einem Whiteboard). Anschließend stellt reihum jede Schülerin und jeder Schüler (oder auch nur einige Ausgewählte) ihre bzw. seine „Finger" (= Ergebnisse) vor.

Reflexionshand

Vorlage:

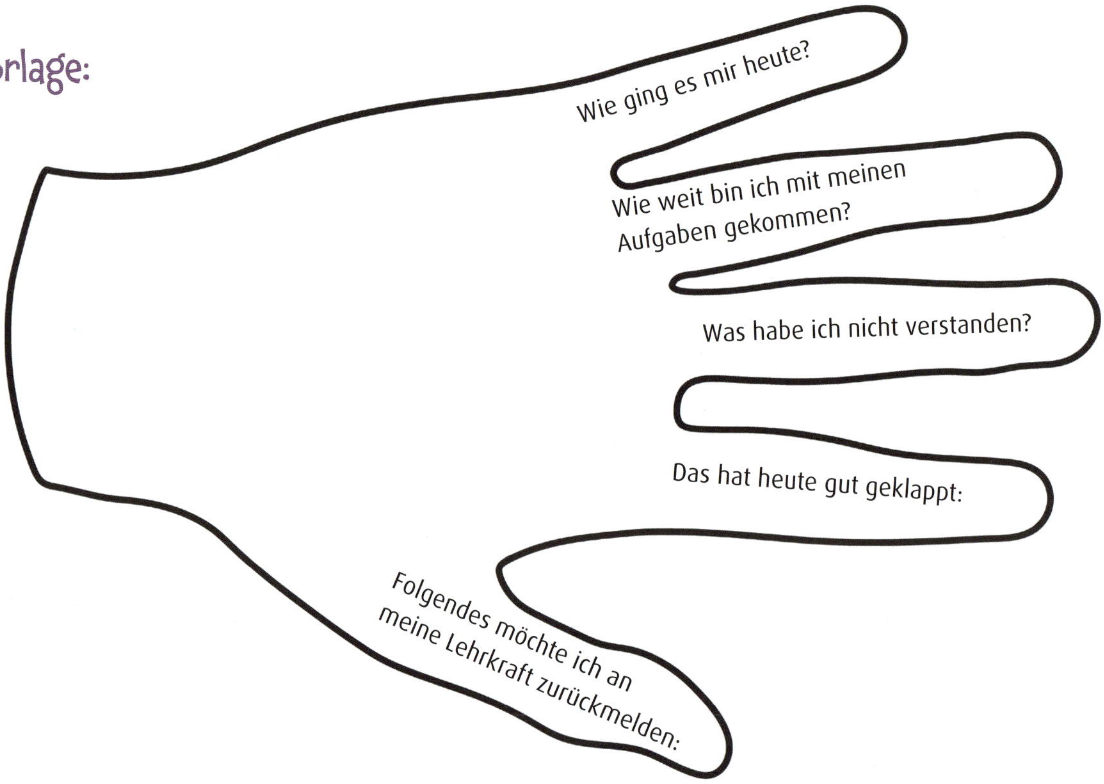

Meine Hand:

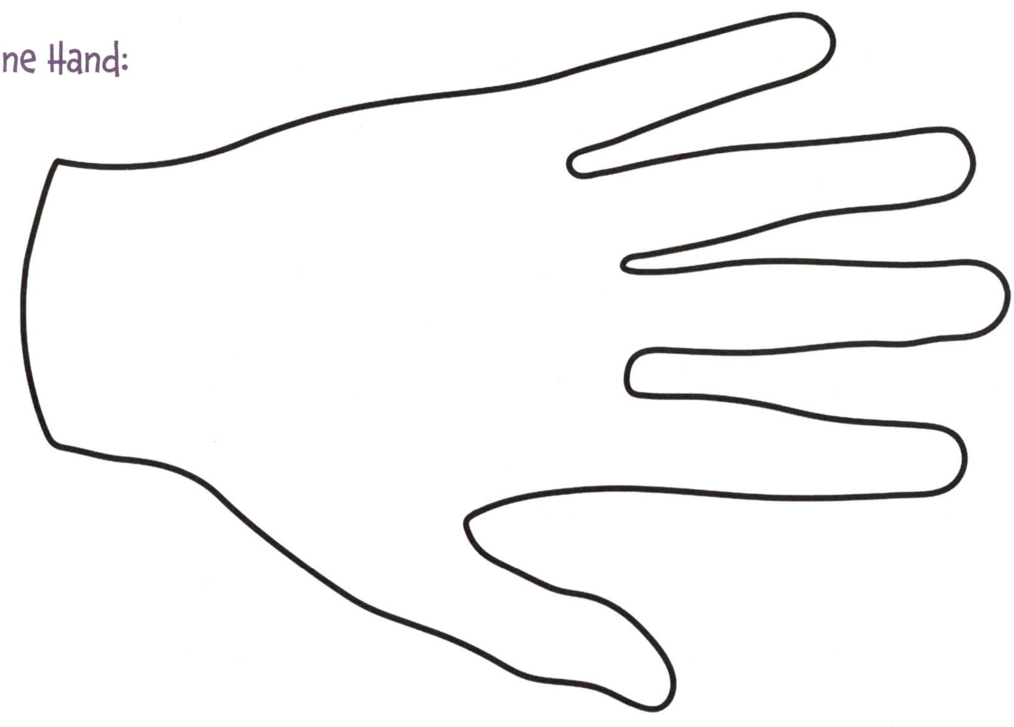

SOFT-Analyse

Darum geht's Die Stärken und Schwächen einer Gruppenarbeit analysieren.

Kompetenzen kommunizieren, analysieren, bewerten, entscheiden, nachdenken, reflektieren, begründen

Zeitaufwand ca. 30 Minuten

Material SOFT-Analyse-Schema (Beispiel siehe Kopiervorlage S. 74) in Gruppenstärke

So geht's „SOFT" ist eine Stärke-Schwächen-Analyse und soll einerseits Probleme lösen und andererseits bestehende Chancen nutzen. Die Abkürzung „SOFT" steht dabei für:

S = *Satisfaction* (Zufriedenheit)

O = *Opportunities* (Möglichkeiten)

F = *Faults/Failures* (Fehler/Fehlschläge)

T = *Threats* (Gefahren/Bedrohung/Risiken)

- Um die SOFT-Analyse anzuwenden, führen Sie im Vorfeld eine Gruppenarbeit zu je vier Personen durch. Teilen Sie danach jeder Gruppe ein SOFT-Analyse-Schema (Beispiel siehe Kopiervorlage S. 74) aus.
- Gemeinsam lesen die Lernenden die vier Kategorien und sammeln Argumente und Möglichkeiten, die sie dann in die entsprechenden Rubriken eintragen. Dabei führen die Felder 1 und 2 zu einer Analyse der Gruppenarbeit (Stärken und die sich daraus ergebenen Möglichkeiten). Die Felder 3 und 4 sollen die Schülerinnen und Schüler zu einem konstruktiven Denken befähigen (Schwächen der Gruppenarbeit und welche Gefahren sich daraus ergeben können).
- Anschließend tragen die jeweiligen Teams ihre Ergebnisse im Plenum vor. Die restlichen Klassenmitglieder können jeweils weitere Möglichkeiten oder Gefahren ergänzen.

Tipps und Hinweise

- Alternativ können Sie die Lernenden die SOFT-Analyse auch wie folgt durchführen lassen: Ein Tandem beschäftigt sich mit den Stärken und Möglichkeiten der Gruppenarbeit (Felder 1 und 2). Das andere 2er-Team nimmt sich die Felder 3 und 4 vor (Schwächen der Gruppenarbeit und die daraus resultierenden Gefahren). Anschließend werden die Arbeitsblätter innerhalb der Gruppe getauscht. (Sie benötigen also zwei Kopien/Gruppe.) Nun können die neuen Tandems das bereits Geschriebene ergänzen oder ggf. korrigieren. Bevor es ins Plenum geht, tauschen sich die jeweiligen Gruppenmitglieder nochmals mündlich miteinander aus.
- Die Ergebnisse aus dem Plenum können stichpunktartig von der Lehrkraft oder von einzelnen Schülern festgehalten und zum Beispiel auf einem Plakat niedergeschrieben werden.

Abb.: Anja Boretzki

SOFT-Analyse

SOFT	
Das sind die Stärken in unserer Gruppe:	Folgende Möglichkeiten ergeben sich daraus:
Diese Schwächen haben wir in unserer Gruppe festgestellt:	Daraus können sich folgende Gefahren ergeben:

Sonnenstrahlen-Feedback

Darum geht's Gut strukturiertes Feedback zu einem Vortrag geben.

Kompetenzen zuhören, wahrnehmen, beobachten, unterscheiden, zuordnen, strukturieren, mit Farben arbeiten, positionieren, loben, kritisieren, sich eigene Gedanken machen

Zeitaufwand ca. 20 Minuten

Material Sonnenstrahlen-Feedback (Beispiel siehe Kopiervorlage S. 76) in Klassenstärke

So geht's

- Bei Vorträgen ist es hilfreich, wenn die Zuhörenden einen Beobachtungsauftrag erhalten. Teilen Sie dazu das Sonnenstrahlen-Feedback (Beispiel siehe Kopiervorlage S. 76) aus.
- Die Schülerinnen und Schüler haben die Aufgabe, während der Präsentation ihre Beobachtungen auf der Vorlage zu notieren. Dabei steht das Thema des Vortrags in der Mitte. In die umliegenden Strahlen-Felder tragen die Lernenden zum Beispiel Fachinformationen zum Thema, Lob, offene Fragen etc. ein. Kleine Zeichnungen oder Symbole können selbstverständlich auch hinzugefügt werden.
- Die einzelnen Strahlen können zusätzlich in einer beliebigen Farbe ausgemalt werden. Geübte Schülerinnen und Schüler wählen die Farben nach bestimmten Kriterien aus, zum Beispiel:

  Rot: Fachinformationen zum Thema
  Grün: Lob
  Blau: offene Fragen/Verständnisschwierigkeiten
  Gelb: Bewertung der Referentin oder des Referenten

- Diese Herangehensweise hilft den Lernenden, die notierten Stichpunkte gedanklich zu strukturieren und in einer anschließenden Feedback-Runde die wesentlichen Beobachtungs- und/oder Inhaltskomponenten im Auge zu behalten.[5]

Tipps und Hinweise

- Erörtern Sie mit Ihrer Lerngruppe den Namen dieser Feedback-Methode. Gemeint sind Strahlen, die uns guttun, weil sie jede und jeden von uns treffen und uns wie Sonnenstrahlen erwärmen sollen. So sollte auch ein Feedback sein: nicht verletzend, sondern mit Lob und Komplimenten ausgeschmückt.
- Achten Sie in der Feedback-Runde auf Verbesserungsvorschläge und Tipps, die die Adressatin oder den Adressaten im positiven Sinne weiterbringen.
- Alternativ können Sie alle Rückmeldebögen auch einsammeln und einen (oder mehrere) von der Rednerin oder dem Redner ziehen und vorlesen lassen. Die Lerngruppe kann dann noch ergänzen, kommentieren etc. Die restlichen Feedbacks werden der vortragenden Person nach der Besprechung der Präsentation kompakt ausgehändigt. So kann sie sich die Rückmeldungen in Ruhe zu Hause durchlesen, sich Gedanken machen und überlegen, wie sie die Tipps und Ideen zukünftig umsetzen möchte.

---

[5] vgl. Müller, S. (2022): Kreative Lernarrangements. Wege zu einem motivierenden und zielführenden Unterricht. Weinheim und Basel. Beltz-Verlag.

Sonnenstrahlen-Feedback

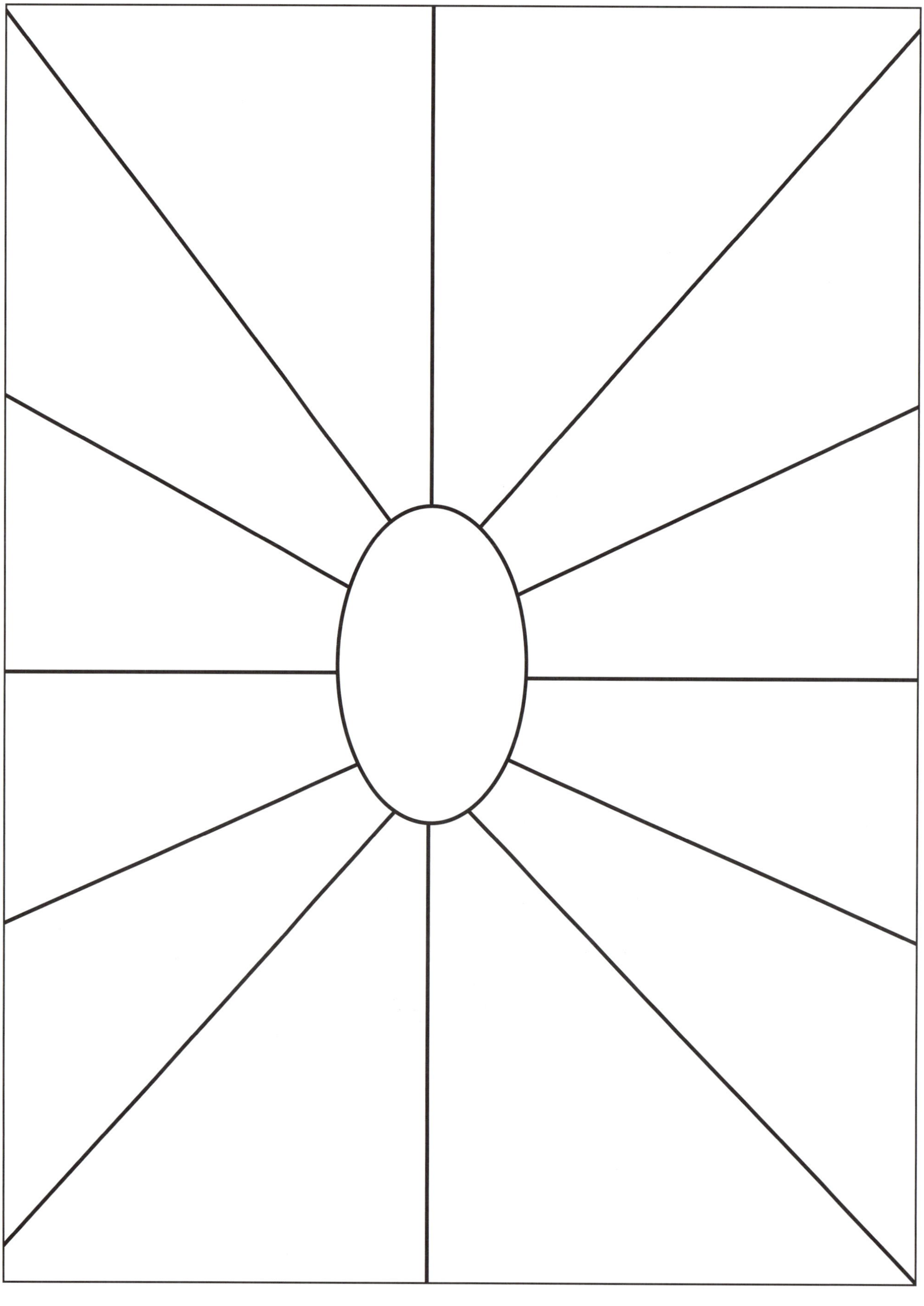

4-Felder-Rückmeldung

Darum geht's Gedanken zum eigenen Lernprozess notieren.

Kompetenzen brainstormen, zuordnen, reflektieren, abwägen, ehrlich sein, Fragen stellen, formulieren, Unklarheiten notieren, kommentieren, begründen

Zeitaufwand 20–30 Minuten

Material Feedback-Bogen mit vier Feldern und Satzanfängen (Beispiel siehe Kopiervorlage S. 78) in Klassenstärke

So geht's

- Bitten Sie Ihre Schülerinnen und Schüler, sich nach einer Unterrichtsstunde oder nach einer Unterrichtsreihe mit dem eigenen Lernprozess auseinanderzusetzen. Teilen Sie dazu einen Feedback-Bogen (Beispiel siehe Kopiervorlage S. 78) aus, der in vier zu bearbeitende Felder aufgeteilt ist.
- Es ist hilfreich, wenn Sie drei Segmente davon mit Satzanfängen versehen. Diese werden den Schülerinnen und Schülern helfen, in verschiedene Ebenen ihres Lernprozesses „einzutauchen" und diese selbst zu reflektieren.
- Das vierte Feld soll keinen vorgegebenen Leitgedanken enthalten. In diesem notieren die Lernenden einen eigenen, frei formulierten Satzanfang, den sie anschließend kommentieren bzw. zu Ende führen, zum Beispiel:
  - „Dies möchte ich meiner Lehrkraft noch mitteilen …"
  - „Das Thema hat mich persönlich interessiert, weil …"
  - „Ich möchte inhaltlich noch ergänzen …"
  - „Folgendes möchte ich das nächste Mal besser machen …"
- Lassen Sie die 4-Felder-Rückmeldung anonym von Ihrer Lerngruppe ausfüllen und sammeln Sie die Verschriftlichungen anschließend ein.
- Bereiten Sie bis zur nächsten Unterrichtsstunde ein Gesamtergebnis aus allen Rückmeldungen vor. Sie können zum Beispiel eine kurze, digitale Präsentation mit den jeweiligen Gemeinsamkeiten der einzelnen Felder vorstellen. Außerdem können Sie einzelne positive und/oder negative Formulierungen herausgreifen und diese gemeinsam im Plenum diskutieren.

Tipps und Hinweise

- Überlegen Sie sich im Vorfeld, was Sie mit dieser Übung erreichen möchten: Wenn die Schülerinnen und Schüler sich lediglich auf ihren eigenen Lernprozess konzentrieren sollen, dann können die Rückmeldebögen nach dem Ausfüllen auch direkt bei den Lernenden verbleiben. Besprechen Sie dann im Plenum die einzelnen Felder sowie offene Fragen und Anmerkungen.
- Wenn Sie des Öfteren mit dieser Feedback-Übung arbeiten, lassen Sie die Lernenden die Rückmeldungen in Schnellheftern sammeln. Nach einiger Zeit können die Schülerinnen und Schüler diese miteinander vergleichen und feststellen, ob sich etwas an ihrem jeweiligen Arbeitsverhalten verändert hat.

Abb.: Anja Boretzki

4-Felder-Rückmeldung

Das habe ich gelernt:

Darauf bin ich stolz:

Die Gedanken zu meinem Lernprozess

Folgendes ist mir noch unklar ...

?

Was nehme ich mit?

Darum geht's Positive und negative Erfahrungen der vergangenen Schulzeit reflektieren.

Kompetenzen nachdenken, reflektieren, erläutern, Positives und Negatives auf den Punkt bringen, eigenen Standpunkt vertreten, eigene Erwartungen formulieren, argumentieren, zuhören

Zeitaufwand ca. 20 Minuten

Material Feedback-Bogen (Beispiel siehe Kopiervorlage S. 80) in Klassenstärke, Moderationsstifte

So geht's

- Wenn das neue Schuljahr beginnt, treffen wir oft auf Schülerinnen und Schüler, die mit gemischten Gefühlen den Klassenraum betreten. Mitunter sind auch Lernende dabei, die in eine neue Schule kommen und neue Mitschülerinnen und Mitschüler sowie unbekannte Lehrkräfte kennenlernen müssen.
- Sie können diese Situation aufgreifen. Lassen Sie dazu die Schülerinnen und Schüler ihre Wünsche und/oder Erwartungshaltungen für das neue Schuljahr notieren, indem sie Ihnen einen Rückblick (ein Feedback) über ihre vergangene Schulzeit erstellen.
- Dazu teilen Sie Ihrer Lerngruppe einen Feedback-Bogen (Beispiel siehe Kopiervorlage S. 80) aus. Auf diesem können zum Beispiel folgende Fragen für die Lernenden stehen:
  - Wie hast du deine vergangene Schulzeit erlebt?
  - Beschreibe, wie du dich in deiner Klasse gefühlt hast.
  - Was hast du Positives/Negatives von deinen Lehrkräften mitgenommen?
  - Welche Fächer haben dir besonders gut gefallen?
  - Welche Fächer haben dir Mühe bereitet?
  - Was wünschst du dir von deiner (neuen) Klasse?
  - Wie stellst du dir das neue Schuljahr vor?

Abb.: Anja Boretzki

- Anschließend findet ein gemeinsames (auf Freiwilligkeit beruhendes) Klassengespräch statt, bei dem die Lernenden ihre Rückmeldungen auch mündlich abgeben können.
- Sammeln Sie abschließend die Arbeitsblätter ein. Das Feedback zeigt Ihnen die Stärken, Ängste, Schwächen und Hoffnungen Ihrer Schülerinnen und Schüler auf. Mit dem Rückblick auf die vergangene Schulzeit ist auch gleichzeitig der Wunsch der Lernenden verknüpft, dass Positives weiterhin verstärkt und Negatives zukünftig minimiert wird.

Tipps und Hinweise

- Diese Feedback-Methode eignet sich zum Beispiel beim Übergang von der Grundschule in die weiterführende Schule, von der Orientierungsstufe in Klasse 7 und beim Wechsel jeder Klassenlehrkraft und Fachlehrkraft.
- Individuelle Anpassungen an Ihre Lernenden und Rahmenbedingungen sind gewünscht. Das Beispiel dient als Anregung und darf modifiziert werden.
- Die erste Begegnung zwischen Lehrkräften und Schülerinnen und Schülern ist sehr wichtig für ein gutes Miteinander. Mit dieser Übung fühlen sich die Lernenden direkt von Ihnen wahr- und ernst genommen.
- Das Besprechen der Fragen kann in manchen Klassen bereits zu einem Gefühl der Gemeinsamkeit führen, da gleiche oder ähnliche Erfahrungen gemacht wurden.

Was nehme ich mit?

NAME:

Beantworte folgende Fragen, damit ich dich besser kennenlernen kann.

Wie hast du deine vergangene Schulzeit erlebt?
Kreuze auf der Linie deine Position an und erkläre anschließend deine Wahl.

sehr gut ________________________________ ganz schlecht

Erklärung:

Beschreibe, wie du dich in deiner Klasse gefühlt hast.

Welche Fächer haben dir besonders gut gefallen?	Welche Fächer haben dir eher Mühe bereitet?

Was wünschst du dir für das neue Schuljahr?

Kleiner Exkurs: Feedback nach einer Gruppenarbeit

Eine gut funktionierende Gruppenarbeit fördert sowohl kommunikative und kooperative Kompetenzen als auch das soziale Miteinander im Team. In einer gemeinsam gelungenen Teamarbeit steigt zudem die Motivation und gleichzeitig gestaltet sich das Lernen abwechslungsreicher.

Eine gedeihliche Gruppenarbeit funktioniert jedoch nicht per se. Sie muss eingeübt werden und Regeln für ein konstruktives Miteinander sollten entwickelt und zwingend umgesetzt werden. (Dies alles sind Komponenten, auf die in vielen Publikationen hingewiesen wird. Hilfestellungen, Anregungen und methodische Schulungen zu dieser Thematik sind ausreichend vorhanden.)

Nach einer durchgeführten Gruppenarbeit ist es unerlässlich, Rückmeldungen zu sammeln bzw. einzufordern, denn miteinander im Team zu agieren, ist eine höchst anspruchsvolle Arbeitsform. Dazu ist eine persönliche Gruppenrückmeldung der Lehrkraft ebenso hilfreich wie ein ehrliches Feedback der Gruppenmitglieder untereinander.

Es hat sich bewährt, zunächst mit einem sehr einfachen Feedback-Impuls zu beginnen:

Schnelles Feedback

Auf Folgendes möchte ich ein Mitglied unserer Gruppe ansprechen:

Name: ....

Mein Lob/meine Kritik: ....

....

....

....

Unterschrift: ....

Die zwei Beispiele auf der folgenden Seite zeigen, wie eine Rückmeldung von der Lehrkraft an ein Team und wie ein Feedback von einem Gruppenmitglied zum anderen aussehen könnte.

Feedback der Lehrkraft zur Gruppenarbeit

Das ist mir bei eurer Gruppenarbeit positiv aufgefallen:

Das hat mir nicht gefallen:

Überlegt euch, was ihr verbessern könnt. Notiert einige Ideen:

Feedback innerhalb der Gruppe

Feedback von: für:

Das ist dir bei der Gruppenarbeit besonders gut gelungen:

Das hat mir nicht gefallen:

Ich würde mir für die nächste Gruppenarbeit von dir wünschen:

Feedback für Lernende

mündliche Methoden

Abb.: Anja Boretzki

Blumenstrauß

Darum geht's Positive Eigenschaften von Lernenden hervorheben und stärken.

Kompetenzen brainstormen, Informationen sammeln, Situationen schildern, Adjektive finden, Blickkontakt halten, vortragen, zuhören, begründen, notieren, gestalten

Zeitaufwand ca. 15–20 Minuten

Material ein großes Plakat mit Blumenstrauß (Beispiel siehe Bildvorlage S. 85), Moderationsstifte, bunte Farbstifte.

So geht's

- Sie können das Wir-Gefühl in der Klasse stärken, indem die Lerngruppe jede Woche (zum Beispiel in der Klassenlehrerstunde) einer Schülerin oder einem Schüler positive Eigenschaften rückmeldet.
- Bilden Sie dazu mit Ihren Lernenden einen Stuhlkreis und legen Sie den „Blumenstrauß" (Beispiel siehe Bildvorlage S. 85) in die Mitte.
- Die Schülerinnen und Schüler befinden sich zunächst in einer 2- bis 3-minütigen Murmelphase, in der sie überlegen, welche Eigenschaften sie der feedbacknehmenden Person zusprechen möchten.
- Im nächsten Schritt soll jedes Klassenmitglied reihum - und das in möglichst einem vollständigen Satz - sein persönliches Feedback abgeben. Wichtig ist dabei, dass die Feedbackgebenden die feedbacknehmende Person anschauen.
- Die Lernenden notieren ein passendes Adjektiv (aus dem genannten Satz) in einer Blüte des Blumenstraußes und malen sie eventuell mit einem Buntstift aus.
- Nachdem alle Lernenden ihr Feedback eingetragen haben, überreichen Sie den Blumenstrauß voller Komplimente an die Adressatin oder den Adressaten.

Tipps und Hinweise

- Achten Sie darauf, dass es nicht zu vielen Wortwiederholungen kommt. Erfahrungsgemäß möchten beim erstmaligen Einsatz dieser Übung die meisten Lernenden das Wort „nett" notieren. Dazu ist es hilfreich, wenn Sie im Vorfeld mit der Lerngruppe Synonyme erarbeitet haben. Diese können zum Beispiel in Wortclustern an einer Wand im Klassenraum angebracht sein und als Hilfe für treffende Wörter fungieren.
- Fakultativ können Sie die feedbacknehmende Person nach Erhalt des „Blumenstraußes" bitten, eine kleine Dankesrede zu halten. In dieser kann sie besonders die Punkte und Sätze ansprechen, die sie besonders berühren. Ganz nebenbei üben Sie die freie Rede.
- Mit dieser Methode werden nebenbei auch Lern- und Arbeitstechniken, wie „zuhören", „frei formulieren", „geeignete Wörter auswählen" und „Gefühle ausdrücken", geschult.
- Falls die Klasse aus sehr vielen Schülerinnen und Schülern besteht, können Sie die Übung auch in Tandems oder in einer Kleingruppe zu drei Lernenden durchführen lassen. Dann füllt jedes Tandem/jede Gruppe eine Blüte aus. Achten Sie darauf, dass bei der mündlichen Präsentation jedes Teammitglied einen Redeanteil bekommt.
- Geben auch Sie ein Feedback ab. Darüber freuen sich die Schülerinnen und Schüler am meisten.

Blumenstrauß

„Ein Foto bitte!"

Darum geht's Lernende signalisieren der Lehrkraft, den Lernerfolg an die Eltern rückzumelden.

Kompetenzen reflektieren, entscheiden, loben

Zeitaufwand ca. 5 Minuten (für Anheften der Klammern und Fotografieren der Ergebnisse)

Material „Ein Foto bitte!"-Schild (Beispiel siehe Bildvorlage S. 87) in DIN A3, Wäscheklammern mit Namen der Schülerinnen und Schüler, ggf. Kamera

So geht's

- Erfolgserlebnisse sind für die Schülerinnen und Schüler entscheidend, um sie zu motivieren und weiterhin an ihren Lernerfolgen zu arbeiten. Dies zeichnet sich in den meisten Fällen über die entsprechende Note oder über ein Lob der Lehrkraft bzw. der Mitschülerinnen und Mitschüler aus.
- Stellen Sie während einer Arbeitsphase das Schild „Ein Foto bitte!" (Beispiel siehe Bildvorlage S. 87) auf Ihr Pult und informieren Sie die Lernenden, dass besonders gut gelungene Ergebnisse auf ihren Wunsch hin für die Eltern fotografiert werden können.
- Nachdem die Schülerinnen und Schüler ihren Arbeitsauftrag erledigt haben (der eine im langsameren, der andere im schnelleren Tempo), kann es sein, dass manche Lernende sehr stolz auf ihr Lernprodukt sind, weil es besonders sorgfältig, kreativ und/oder mit besonderen Ideen umgesetzt wurde.
- Die Lernenden haben dann die Möglichkeit – ohne mit der Lehrkraft Rücksprache zu halten – eine Klammer mit ihrem Namen an das Schild zu heften. Diese Aktion bedeutet für die Lehrkraft, dass sie ein Foto von dem jeweiligen Lernprodukt anfertigt und es den entsprechenden Sorgeberechtigten zukommen lässt.
- Selbstverständlich können Sie diese Vorgehensweise auch häufiger praktizieren, wenngleich natürlich die Foto-Aktion gut dosiert sein sollte.

Tipps und Hinweise

- Ihre Schülerinnen und Schüler müssen zunächst lernen, sich selbst gut einschätzen zu können und zu ermitteln, wann es angebracht ist, den Eltern eine solches Feedback zu geben. Denn erfahrungsgemäß werden sich bei den ersten Einsätzen dieser Methode die meisten Lernenden diese Art der Rückmeldung an die Eltern wünschen. Dies sollten Sie thematisieren und mit Ihren Lernenden ein Gefühl dafür entwickeln, wann eine Bildnachricht angebracht ist. Daher sollten Sie anfänglich einen Blick über die Klammern und Lernergebnisse werfen und ggf. mit den entsprechenden Lernenden Einzelgespräche führen, wenn das Arbeitsergebnis nicht so gut ausgefallen ist wie angestrebt.
- Rahmen Sie das Foto ein, um der Übung mehr Wertigkeit zu vermitteln.
- Die Methode „Ein Foto bitte!" bietet den Eltern die Möglichkeit, einen kleinen Einblick in den Unterricht und in die Arbeit des Kindes zu erhalten. Kinder und Jugendliche erzählen zu Hause stolz von ihrer Arbeit in der Schule und umgekehrt berichten sie in der Schule, dass sie von den Eltern besonders gelobt wurden.
- Erfahrungsgemäß melden sich immer noch viele Lehrkräfte häufig nur dann bei den Sorgeberechtigten, wenn sie eher Negatives zu berichten haben. Mit dieser Übung schaffen Sie es, dass sich Eltern mehr mit der Schule identifizieren.

„Ein Foto bitte!“

Ein Foto bitte!

Entscheidungskreis

Darum geht's

Eine Tandem- oder Gruppenarbeitsphase nachbereiten.

Kompetenzen

beobachten, auf den Punkt bringen, loben, kritisieren, argumentieren, eine Rückmeldung geben, ein Feedback erhalten, sich entschuldigen, eine Entschuldigung annehmen, mit Kritik umgehen können

Zeitaufwand

ca. 45 Minuten

Material

beschriftete oder visualisierte Karten (Beispiele siehe Kopiervorlage S. 89), Schachtel

So geht's

- Bereiten Sie eine Schachtel mit zwei verschiedenen Arten von Karten vor. Die Karten können beschriftet (siehe nächster Punkt), verschiedenfarbig gestaltet oder auch mit passenden Symbolen versehen sein (siehe Beispiel auf S. 89). Für einen kompletten Kartensatz benötigen Sie jede Kartenart in Klassenstärke.
- Heften Sie je eine „Musterkarte" an die Tafel und schreiben Sie zu jeder Visualisierung eine passende Formulierung, zum Beispiel:

  „An unserer Arbeit hat mir besonders gut gefallen, dass ..."

  STOP „An unserer Gruppenarbeit/Tandemarbeit fand ich nicht so gut, dass ..."

- Als geeignete Sozialform ist der Stuhlkreis zu empfehlen. Legen Sie die Schachtel mit den Karten in die Kreismitte. Nacheinander ziehen alle Lernenden eine Karte.
- Sobald alle Schülerinnen und Schüler eine Karte in der Hand halten, erfolgt eine Stillarbeit von ca. 3 Minuten. In dieser überlegt sich jede Person, was sie inhaltlich zu der Karte sagen möchte.
- Dann erfolgt die Präsentationsphase. Reihum wird den Lernenden das Wort erteilt, sodass jede Person selbst entscheiden kann, wie ausführlich oder knapp das Resümee ausfällt. Erst wenn alle Schülerinnen und Schüler zu Wort gekommen sind, dürfen Rückfragen gestellt werden. Somit kann sich ein reger Austausch im Plenum anschließen.
- Wichtig ist, dass keine Verallgemeinerungen artikuliert werden. Die Rückmeldungen sollen sich bewusst auf eine konkrete Arbeitssituation beziehen.

Tipps und Hinweise

- Den Lernenden bleibt es selbst überlassen, ob sie die Karte bei ihrem Statement im Kreis ablegen oder ob diese in der Hand verbleibt. Manchen Lernenden hilft es, wenn sie sich an der betreffenden Karte „festhalten" können, denn dies gibt Sicherheit bei der freien Rede.
- In der Ursprungsform dieser Methode werden die Karten verdeckt in der Schachtel hinterlegt, sodass die Person nicht sieht, welches Symbol sie zieht. Erfahrungsgemäß ist es für die Lernenden jedoch angenehmer, wenn sie sich für eine Karte entscheiden können.
- Bei einer eher konfliktgeladenen Gruppen- oder Tandemarbeit können Sie zusätzlich noch eine dritte Karte ins Spiel bringen (siehe Beispiel unten). So können kleinere Fehlverhalten angesprochen und schnell aus der Welt geschafft werden.

  „Ich möchte mich dafür entschuldigen, dass ich ..."

Karten

Abb.: Dorothee Wolters
Abb.: Dorothee Wolters
Abb.: Dorothee Wolters
Abb.: Dorothee Wolters
Abb.: Dorothee Wolters
Abb.: Dorothee Wolters
STOP
© Lars Poyansky – Shutterstock.com
STOP
© Lars Poyansky – Shutterstock.com
STOP
© Lars Poyansky – Shutterstock.com
STOP
© Lars Poyansky – Shutterstock.com
STOP
© Lars Poyansky – Shutterstock.com
STOP
© Lars Poyansky – Shutterstock.com
© Sandamali F – Shutterstock.com
© Sandamali F – Shutterstock.com
© Sandamali F – Shutterstock.com
© Sandamali F – Shutterstock.com
© Sandamali F – Shutterstock.com
© Sandamali F – Shutterstock.com

Feedback während des Lernens

Darum geht's Rückmeldungen während einer Arbeitsphase geben.

Kompetenzen reflektieren, Lernstand erkennen, auswählen

Zeitaufwand ca. 1 Minute

Material 4 verschiedene Rückmeldekarten (Beispiele siehe Kopiervorlage S. 91) jeweils in Klassenstärke, ggf. ein Schlüsselring pro Person

So geht's

- Die Schülerinnen und Schüler erhalten von Ihnen insgesamt je vier Karten mit verschiedenen Visualisierungen (Beispiele siehe Kopiervorlage S. 91). Für die leichtere Handhabung können Sie die Karten jeweils an einem Schlüsselring befestigen.
- Wenn sich die Lernenden in einer stillen Arbeitsphase befinden, können sie mit ihrer entsprechenden Karte signalisieren, ob sie Hilfe benötigen oder ob sie allein zurechtkommen. Dabei wird die entsprechende Karte ganz nach oben gelegt.
- Diese Vorgehensweise hat den Vorteil, dass die Schülerinnen und Schüler in einem ruhigen Lernklima arbeiten können und somit nicht gestört werden.
- Falls bei einzelnen Schülerinnen und Schülern noch Klärungsbedarf besteht, kann dies ohne großen Aufwand bewerkstelligt werden.
- Als Lehrkraft können Sie so in der Beobachtungsrolle schnell erkennen, welche Lernenden motiviert arbeiten oder wer sich ablenken lässt.

Tipps und Hinweise

- Erfahrungsgemäß möchten Jungen und Mädchen lieber Karten ihres eigenen Geschlechts auswählen. Daher stehen Ihnen auch zwei Varianten zur Verfügung. Lassen Sie die Lernenden selbst entscheiden, zu welchen Visualisierungen sie greifen.
- Es hat sich bewährt, die Karten zu laminieren und mit einem Ring zu fixieren, damit sie zum einen langlebiger sind und zum anderen nicht verloren gehen.
- Bewahren Sie die Visualisierungen in einem kleinen Kästchen im Klassenzimmer auf, sodass Sie jederzeit und schnell darauf zugreifen können. Teilen Sie die Karten zum Beispiel am Anfang des Schultages oder einer Schulstunde aus und sammeln Sie diese unbedingt wieder am Ende des Tages oder am Ende der Arbeitsphase ein. Ansonsten werden sie schnell verschwinden.

Abb.: Anja Boretzki

Karten

Ich komme allein zurecht.

Abb.: Anja Boretzki

Ich habe eine Frage.

Abb.: Anja Boretzki

Darf ich jemanden um Rat bitten?

Abb.: Anja Boretzki

Ich verstehe nichts.

Abb.: Anja Boretzki

Hausaufgaben-Reflexion

Darum geht's Einstellungen zum Thema „Hausaufgaben" nennen.

Kompetenzen assoziieren, reflektieren, entscheiden, auswählen, präsentieren, begründen

Zeitaufwand ca. 15–30 Minuten

Material Reflexionskarten (Beispiele siehe Kopiervorlagen S. 93–96) in doppelter Anzahl der Lerngruppe

So geht's

- Die folgende Übung beschäftigt sich mit der „Hausaufgaben-Kultur" Ihrer Schülerinnen und Schüler. Es hat sich bewährt, diese gemeinsam mit der Lerngruppe zu „entschlüsseln", um anschließend Tipps und Lösungsvorschläge zu erarbeiten.
- Legen Sie in die Mitte eines Stuhlkreises Reflexionskarten zum Thema aus. Diese arbeiten mit Satzanfängen oder mit Visualisierungen (Beispiele siehe Kopiervorlagen S. 93–96).
- Jedes Klassenmitglied wählt nun eine Karte aus, die seinen Umgang mit dem Thema „Hausaufgaben" am besten widerspiegelt. Manche Schülerinnen und Schüler greifen zu einer Darstellung mit einem Satzanfang, andere wiederum zu den Abbildungen.
- Reihum stellen die Lernenden ihre Auswahl vor (Beschreibung der Karte) und begründen diese. Für alle Teilnehmenden (Lernende und Lehrkraft) ist es sehr interessant, zu erfahren, wie unterschiedlich mit „Hausaufgaben" umgegangen wird und welche (differenzierten) Meinungen vorgetragen werden.
- Anschließend können Sie gemeinsam mit Ihrer Lerngruppe Lösungsvorschläge zu genannten Problemen erarbeiten.

Tipps und Hinweise

- Möchten zwei Lernende dieselbe Karte auswählen, so lassen Sie dies zu. Die beiden setzen sich dann im Stuhlkreis nebeneinander. Jede Person muss jedoch ihr eigenes Statement zu der Auswahl vortragen, da beide trotz desselben Materials durchaus unterschiedliche Assoziationen haben können.
- Sie können den Schülerinnen und Schülern den Arbeitsauftrag geben, ihren persönlichen Tipp zu notieren und sich mindestens zwei Wochen lang daran zu orientieren.
- Es hat sich bewährt, diese Übung – mit einer zeitlichen Distanz – zu wiederholen. Sie können so feststellen, ob sich an der „Hausaufgaben-Kultur" etwas verändert hat. Die Schülerinnen und Schüler können dann allerdings eine andere Karte auswählen als beim ersten Mal. Damit geben Sie den Lernenden die Chance auf einen „neuen Zugriff".
- Sie können die Reflexionskarten mit eigenen Bildern, Satzanfängen, Piktogrammen usw. ergänzen. Dabei muss keine bestimmte Richtung vorgegeben werden, da sich die Übung an Assoziationen anlehnt.
- Findet eine Schülerin oder ein Schüler keine passende Reflexionskarte, so geben Sie ihr oder ihm eine Karte mit einem abgebildeten Fragezeichen. Dann kann die Person im ersten Schritt erläutern, wie ihre Karte aussehen müsste, und erklärt im zweiten Schritt die inhaltlichen Komponenten.

Hausaufgaben-Reflexion (1/4)

Hausaufgaben fallen mir besonders leicht, weil ...

Ich mache gern Hausaufgaben, weil ...

Hausaufgaben sind wichtig, weil ...

Ich war mit dem ganzen Herzen dabei, als ...

Hausaufgaben erledige ich nur gern, wenn ...

Hausaufgaben gelingen mir besonders, wenn ...

Hausaufgaben-Reflexion (2/4)

Ich würde gern Hausaufgaben erledigen, aber ...	Hausaufgaben zu machen, fällt mir schwer, weil ...
Hausaufgaben sind nicht wichtig, weil ...	Hausaufgaben sind doof, weil ...
Ich mache selten Hausaufgaben, weil ...	?

Hausaufgaben-Reflexion (3/4)

Abb.: Anja Boretzki

Abb.: Anja Boretzki

Abb.: Anja Boretzki

Abb.: Anja Boretzki

Abb.: Anja Boretzki

Abb.: Anja Boretzki

Hausaufgaben-Reflexion (4/4)

Abb.: Anja Boretzki

Abb.: Anja Boretzki

Abb.: Anja Boretzki

Abb.: Anja Boretzki

Abb.: Anja Boretzki

Abb.: Anja Boretzki

Schülerin/Schüler des Monats

Abb.: Anja Boretzki

Darum geht's Eine Schülerin oder einen Schüler für eine besondere Leistung ehren.

Kompetenzen nachdenken, reflektieren, gerecht sein, auswählen, argumentieren, Perspektivwechsel vornehmen, entscheiden, festlegen

Zeitaufwand ca. 10–15 Minuten

Material Bilderrahmen in DIN A4, ein Passepartout (Beispiel siehe Kopiervorlage S. 98), ein Foto von der Schülerin oder dem Schüler des Monats

So geht's

- Überlegen Sie im Vorfeld, bei welchen Themen Ihre Klasse noch Hilfe, Unterstützung und Motivation benötigt. Formulieren Sie daraus Sätze, wie zum Beispiel:
  Die Schülerin/der Schüler des Monats ...
  - ... hat immer ihre/seine Hausaufgaben erledigt.
  - ... hat sich besonders für die Bedürfnisse ihrer/seiner Mitschülerinnen und Mitschüler eingesetzt.
  - ... hat alle mit ihrem/seinem Leistungssprung überrascht.
  - ... hat die Schule (im Sport, beim Vorlesewettbewerb, bei der Kunstausstellung etc.) besonders gut vertreten.
  - ... arbeitet immer ruhig und sorgfältig im Unterricht mit.
  - ... ist meist fröhlich und gut gelaunt.
- Legen Sie die Bedingungen zur Ehrung „Schülerin/Schüler des Monats" fest und besprechen Sie diese gemeinsam mit den Lernenden. So sind alle in der Klasse informiert und motiviert, durch ihre besondere Leistung diesen „Preis" zu erhalten.
- Am Ende eines jeden Monats bilden Sie mit den Schülerinnen und Schüler einen Stuhlkreis. Sammeln Sie mit Ihrer Lerngruppe Namen und Argumente, warum ein Kind aus der Klasse die Ehrung „Kind des Monats" verdient hat.
- Zur Ehrung hängen Sie ein Foto von der oder dem Auserwählten in einem vorbereiteten Bilderrahmen mit Passepartout (Beispiel siehe Kopiervorlage S. 98) gut sichtbar im Klassenraum auf.

Tipps und Hinweise

- Achten Sie bei der Diskussion darauf, dass nicht immer dieselben Schülerinnen und Schüler genannt werden. Versuchen Sie, Ihre Lerngruppe dahin zu sensibilisieren, dass auch eher unscheinbare Lernende Herausragendes leisten können.
- Für die Lernenden hat die monatliche Auszeichnung eine besondere Bedeutung. Nicht nur innerhalb der Klasse erhält das Kind die verdiente Wertschätzung, sondern auch von allen Mitgliedern der Schulgemeinschaft, die den Klassenraum betreten.
- Alternativ können Sie auch ein besonderes Bügelbild auswählen, das das Gewinnerkind erhält und das es zum Beispiel auf seinem Schulshirt aufbügeln kann. Vergleichbare Motive sind die Patches der Pfadfinder. Es können aber auch Wimpel verliehen oder Aufkleber verteilt werden. Den Möglichkeiten sind keine Grenzen gesetzt.
- Ideal wäre es, wenn (nahezu) alle Schülerinnen und Schüler einmal in den Genuss kommen, diese Auszeichnung zu erhalten. Eventuell gibt es in einem Monat auch mehrere Gewinnerinnen und Gewinner (zum Beispiel die vier Spielerinnen und Spieler des Tischtennisteams).

Schülerin/Schüler des Monats

Schülerin/Schüler des Monats

Auszeichnung für:

Hier ein Foto aufkleben.

Lernthermometer

Darum geht's Persönlichen Lernstand nach einer Doppelstunde einschätzen.

Kompetenzen reflektieren, einschätzen, begründen, vortragen, zuhören, kommentieren, nachfragen

Zeitaufwand ca. 15 Minuten

Material Arbeitsblatt „Thermometer" (Beispiel siehe Kopiervorlage S. 100) in Klassenstärke

So geht's

- Die Schülerinnen und Schüler erhalten ca. 15 Minuten vor Ablauf einer Doppelstunde ein Arbeitsblatt. Darauf ist ein Thermometer mit der Skala von 1 bis 10 abgebildet (Beispiel siehe Kopiervorlage S. 100).
- Die Lernenden sollen einschätzen, wie weit sie mit dem Thema vorangeschritten sind. Dazu tragen sie ihr Feedback an die passende Stelle im „Thermometer" ein und malen es an.

Dabei bedeutet die Zahl „1": „Ich bin nicht sehr weit gekommen".
Der Mittelwert „5" signalisiert: „Ich komme gut voran, allerdings muss ich bei manchen Aufgaben länger nachdenken."
Die volle Punktzahl „10" bedeutet: „Ich bin vollauf mit meiner Arbeit zufrieden. Ich arbeite genau und effektiv!"

- Geben Sie Ihrer Lerngruppe (vor der Abschlussrunde) die Möglichkeit, sich in Tandems oder Kleingruppen auszutauschen. Hat sich ein Tandem- oder Gruppenmitglied komplett falsch eingeschätzt, so sollen die anderen Teammitglieder (freundlich) auf es einwirken.
- Danach stellen alle Lernenden ihr bearbeitetes Thermometer im Plenum vor und begründen ihre gewählte Zahl.

Tipps und Hinweise

- Bei dieser Übung sollte mit den Schülerinnen und Schülern bereits eintrainiert worden sein, dass Aufgaben sorgfältig und genau erledigt werden müssen. Ansonsten kann es passieren, dass einige Lernenden sich beim Lernthermometer ganz weit oben einschätzen, obwohl die Aufgaben nur flüchtig bearbeitet wurden.
- Der Zwischenschritt hat den großen Vorteil, dass sich die Lernenden im Plenum öffnen, da sie durch den Austausch mit den Mitschülerinnen und Mitschülern an Sicherheit gewinnen konnten.
- Sie können auch alle Thermometer einsammeln und zum Beispiel an der Tafel befestigen. Dann kann die Lerngruppe auf einen Blick den Gesamtlernstand der Klasse erkennen. Allerdings wäre davon abzuraten, wenn sie nur wenige leistungsschwächere Schülerinnen und Schüler in Ihrer Lerngruppe haben, die dadurch negativ in den Fokus geraten.

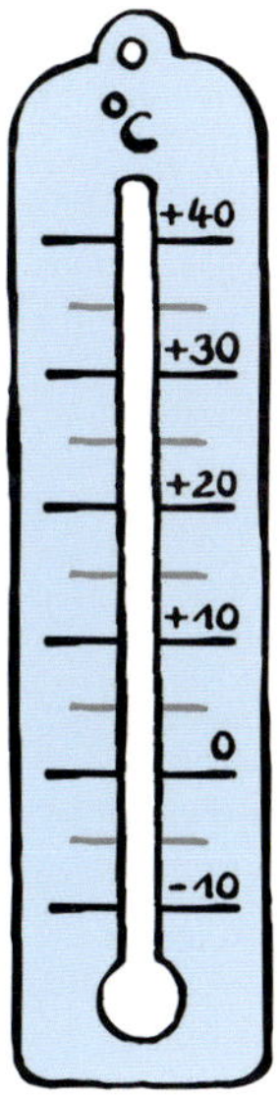

Abb.: Anja Boretzki

Lernthermometer

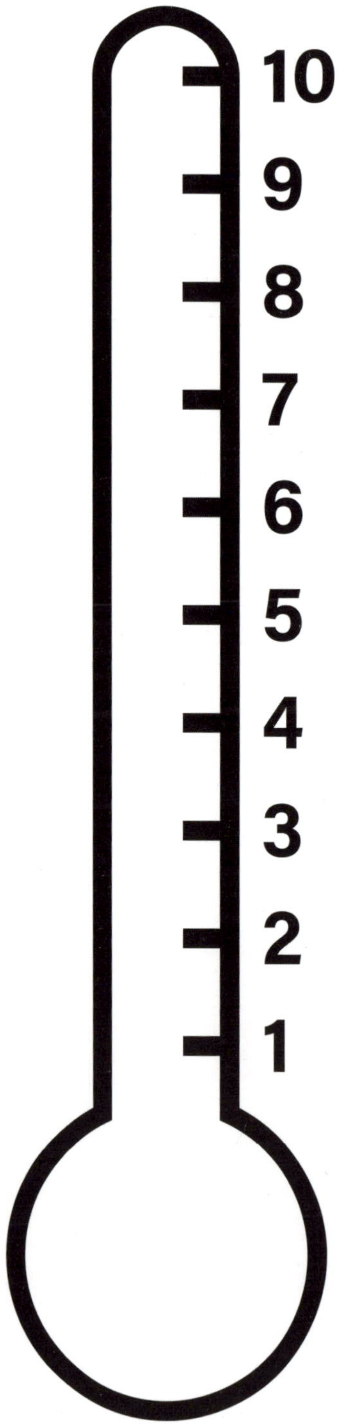

Reflexionskugeln

Darum geht's Eine schnelle Rückmeldung zum Lernerfolg einer Unterrichtsstunde geben.

Kompetenzen reflektieren, sich seiner Stärken/Schwächen bewusst werden, bewerten, (eigene) Arbeitsweise überdenken, auswählen

Zeitaufwand ca. 5 Minuten

Material Glasgefäß, grüne und rote (Holz-)Kugeln in ausreichender Anzahl, 2 Schüsseln, ggf. gelbe (Holz-)Kugeln in ausreichender Anzahl

So geht's

- Stellen Sie ein Glasgefäß sowie jeweils eine mit roten und eine mit grünen (Holz-)Kugeln gefüllte Schüssel unweit der Klassenzimmertür hin.
- Ist die Unterrichtsstunde beendet, so fragen Sie Ihre Schülerinnen und Schüler, ob sie inhaltlich alles verstanden haben. Als optisches Zeichen sollen sie beim Verlassen des Klassenraums eine für sie passende Farbkugel wählen und in das Glasgefäß legen.
- Die Farben haben dabei folgende Bedeutung:
  grüne Kugel: „Ich habe alles im Unterricht verstanden."
  rote Kugel: „Leider habe ich nicht alles verstanden."
- Anhand der Farbgebung erhalten Sie einen guten (und anonymen) Überblick. Erfahrungsgemäß geben die Lernenden bei dieser Art des Feedbacks eine sehr ehrliche Rückmeldung, da sie nicht befürchten müssen, ihre Wahl der Farbkugel im Plenum zu erklären.

Tipps und Hinweise

- Sie können noch eine dritte Schüssel mit gelben (Holz-)Kugeln bereitstellen. Dann funktioniert die Übung analog dem Ampelsystem:

  grün: „Ich habe alles in der Stunde verstanden."
  gelb: „Ich hatte teilweise Verständnisschwierigkeiten."
  rot: „Leider habe ich in der Unterrichtstunde nichts verstanden."
- Sie können den Arbeitsauftrag noch erweitern, indem die Lernenden zu Hause notieren, warum ihre Wahl auf die entsprechende Farbkugel gefallen ist. Auch offene Fragen oder Unklarheiten sollen aufgeschrieben werden.
- In der nächsten Stunde können Sie das Besprechen dieser Hausaufgabe zum Anlass nehmen, entsprechende (wiederholende und vertiefende) Trainingsphasen einzuplanen.
- Alternativ geben Sie den Lernenden eine Schnur, auf der sie nach jeder Unterrichtsstunde „ihre" Kugel auffädeln können. Dies hat den Vorteil, dass nicht nur Sie informiert werden, sondern auch die Schülerinnen und Schüler optisch wahrnehmen können, ob zum Beispiel weitere Wiederholungsschleifen oder Übungen notwendig sind.
- Sie können auch eine „Ich lobe euch"-Klassenschnur im Klassenraum verankern. Gibt es einen Grund, die Klassen auszuzeichnen (zum Beispiel „Heute habt ihr alle die Hausaufgaben erledigt!", „Ihr habt heute ruhig und konzentriert gearbeitet!" oder „Es gab in der ganzen Woche keine Klassenbucheinträge!"), dann können Sie eine grüne Kugel auffädeln.
- Selbstverständlich dürfen Sie auch rote Kugeln verwenden, wenn es angebracht ist. Eine rote Kugel „verbrennt" zusätzlich eine grüne.
- Wurden ausreichend grüne Kugeln gesammelt (die Anzahl legen Sie je nach Sozialverhalten der Klasse fest), so können diese zum Beispiel für eine „Spielstunde", „Lernen im Grünen" oder für einen gemeinsamen Wandertag eingelöst werden.

Rückmeldekarte zu Gefühlen

Darum geht's Eine spontane Einschätzung zur persönlichen Befindlichkeit geben.

Kompetenzen Gefühle äußern, visualisieren, auswählen, auf den Punkt bringen

Zeitaufwand ca. 5 Minuten

Material Rückmeldekarte (Beispiel siehe Kopiervorlage S. 103) in Klassenstärke, Wäscheklammern in Klassenstärke

So geht's

- Alle Lernenden erhalten eine Rückmeldekarte und eine Wäscheklammer. Die Rückmeldekarte falten sie der Länge nach und stellen sie aufgeklappt auf.
- Zu Beginn eines Unterrichtstages, nach den Ferien, am Anfang der Woche, in einer Klassenlehrerstunde oder wenn Sie wissen möchten, wie es Ihren Schülerinnen und Schülern geht, kommt die Gefühls-Rückmeldekarte zum Einsatz. Dazu überlegen sich die Lernenden, wie es aktuell um ihre persönliche Befindlichkeit bestellt ist, und markieren mit der Wäscheklammer das entsprechende Feld.
- Dann stellen die Schülerinnen und Schüler ihre Karte gut sichtbar vor sich auf. So haben Sie mithilfe der Karten einen guten Überblick, wie positiv oder negativ Ihre Lerngruppe sich aktuell fühlt.
- Oft reicht dieser Eindruck, um zu wissen, ob Sie sich Zeit nehmen müssen, das ein oder andere Problem anzusprechen, oder (wie in den meisten Fällen) ob sie beruhigt in den Unterricht starten können.

Tipps und Hinweise

- Vor dem ersten Einsatz hat es sich bewährt, dass die Schülerinnen und Schüler ihre Karte farbig gestalten dürfen.
- Da die Karten öfter zum Einsatz kommen sollen, ist es sinnvoll, sie zu laminieren. So ist die Langlebigkeit gesichert.
- Die Bildauswahl dient als Beispiel/Anregung. Sie können einzelne oder alle Bildvorlagen ändern, um die Rückmeldekarte passgenau für Ihre Lerngruppe zu erstellen.
- Die Gefühls-Rückmeldungen können dazu führen, dass Ihnen einzelne Lernende durch den gewählten Bildimpuls mitteilen möchten, dass sie Gesprächsbedarf haben. Mehrmals hat die Karte dazu geführt, dass „Probleme", die sonst nie artikuliert worden wären, durch diese Übung offengelegt wurden. Dies gilt ebenso für das positive Pendant. Vielleicht sind Sie überrascht, dass einige Lernende in einer viel fröhlicheren Verfassung sind, als Sie es vermutet haben.

Smileys: © redcollegiya – stock.adobe.com

Rückmeldekarte zu Gefühlen

Tipp-Top-Frage-Karten

Darum geht's Einfache und schnelle Rückmeldung nach Präsentationen geben.

Kompetenzen zuhören, kommentieren, kritisieren, einschätzen, bewerten, Hilfen geben, loben, Fragen stellen, nachfragen

Zeitaufwand ca. 15 Minuten

Material Tipp-, Top- und Frage-Karten (Beispiele siehe Kopiervorlage S. 106) jeweils in Klassenstärke

So geht's

- Nachdem die Schülerinnen und Schüler eine Präsentation beendet haben, ist es zwingend notwendig, den Vortragenden eine Rückmeldung zu geben.
- Bei dieser Feedback-Methode erhält jede Zuhörerin und jeder Zuhörer jeweils eine Tipp-, eine Top- und eine Frage-Karte (Beispiele siehe Kopiervorlage S. 106).
- Auf die Rückseite der Karten schreiben die Lernenden Notizen, die sie den Präsentierenden mitteilen möchten.

  - Tipp-Karte: Hier schreibst du die Tipps auf, die den Präsentierenden helfen, den nächsten Vortrag noch besser zu gestalten.
  - Top-Karte: Das möchtest du unbedingt loben.
  - Frage-Karte: Hast du noch Fragen zum Vortrag? Schreibe diese auf.

- Im Anschluss folgt die Feedback-Runde.
- In der ersten Phase lesen die Zuhörenden zunächst die Tipp-Karten vor. Dabei hat es sich bewährt, dass die Adressatinnen und Adressaten die Tipps mündlich wiederholen, damit sich Vorschläge bei ihnen besser einprägen.
- Die zweite Runde beschäftigt sich mit den Top-Karten. In dieser dürfen die Schülerinnen und Schüler mitteilen, warum ihnen der Vortrag so gut gefallen hat.
- Abschließend kommen die Frage-Karten zum Einsatz. Unklarheiten oder Verständnisfragen sollen in dieser Phase abgehandelt werden.

Tipps und Hinweise

- Die Feedback-Karten können sowohl nach Einzel- als auch nach Gruppenpräsentationen eingesetzt werden.
- Lassen Sie die Schülerinnen und Schüler darauf achten, dass Tipps und Fragen nicht doppelt genannt werden. Damit schulen sie gleichzeitig das aktive Zuhören bei Ihrer Lerngruppe.
- Laminieren Sie die Feedback-Karten und geben Sie Ihrer Lerngruppe wasserlösliche Folienstifte in die Hand. Dann können sie die Tipp-Top-Frage-Karten mehrmals benutzen und Sie müssen nicht nach jeder Präsentation neue (unbeschriebene) Karten austeilen.
- Beteiligen Sie sich an dieser Übung, indem Sie selbst Karten ausfüllen. So geben Sie ein persönliches Feedback ab.
- Alternativ sammeln Sie in jeder Feedback-Phase die jeweiligen Karten von den Schülerinnen und Schülern ein. Zwei ausgewählte Lernende lesen die Rückmeldungen laut vor.
  Tipp: Während Sie die Rückmeldungen einsammeln, lesen Sie bitte die geschriebenen Zeilen durch. Bei eventuell beleidigenden oder despektierlichen Aussagen sollten Sie diese Karten unauffällig entfernen.

Tipp-Top-Frage-Karten

- Bleiben bei manchen Schülerinnen und Schüler keine Fragen offen, so muss diese Karte nicht unbedingt ausgefüllt werden. Dennoch sollten Sie die Frage-Karte immer wieder anbieten, da oftmals „Präsentations-Probleme", die die ganze Klasse betreffen, artikuliert werden und so gemeinsam eine Lösung gefunden werden kann.
- Es ist eine nette Geste, zum Abschluss dieser Übung die geschriebenen (anonymen) Rückmeldungen an die Vortragenden zu geben. Dann können sie sich auch zu Hause noch an die Tipps erinnern und das Positive „länger im Herzen" tragen.

Abb.: Anja Boretzki

Tipp-Top-Frage-Karten

TIPP

Abb.: Anja Boretzki

TIPP

Abb.: Anja Boretzki

TOP

Abb.: Anja Boretzki

TOP

Abb.: Anja Boretzki

?

FRAGE

?

FRAGE

Warmer Regen

Abb.: Anja Boretzki

Darum geht's Einem Klassenmitglied ein wohltuendes Feedback geben.

Kompetenzen nachdenken, formulieren, in Worte fassen, argumentieren, Rückmeldung annehmen, Stärken erkennen, sich zugehörig fühlen, Wir-Gefühl stärken

Zeitaufwand ca. 30 Minuten

Material Wassertropfen pro Person (Beispiele siehe Kopiervorlage [1/2] S. 109), Formulierungshilfen (Beispiele siehe S. 108), ein Umschlag, ggf. Visualisierung für den Klassenraum (Beispiel siehe Kopiervorlage [2/2] S. 110), ggf. Schlüsselringe

So geht's

- Jede und jeder von uns fühlt sich geschmeichelt, wenn man etwas Positives über sich hört. Jedoch fällt es manchen schwer, Komplimente anzunehmen. Stattdessen wiegeln die Personen die Komplimente dann gern ab. Dabei ist es so schön und wichtig, wenn ein Gegenüber die eigenen Stärken erkennt und diese spiegelt. Das fühlt sich an wie ein warmer Regen.
- Bestimmen Sie einmal in der Woche (zum Beispiel in der Klassenlehrerstunde) eine Person, die einen „warmen Regen" erhält. Diese hat in der Stunde nur die Aufgabe, Komplimente von ihren Mitschülerinnen und Mitschülern entgegenzunehmen.
- Teilen Sie den anderen Lernenden jeweils einen Regentropfen (Beispiel siehe Kopiervorlage S. 109) aus. Auf diesem sollen sie nette Worte an die auserwählte Person richten. Folgende Komplimente könnten aufgeschrieben werden:
  - „Du hast mir immer beim Lernen geholfen. Danke."
  - „Du kannst gut Fußball spielen."
  - „Du schreibst immer so gute Noten, aber ärgerst nie andere, die schlechter sind."
  - „Du siehst gut aus."
  - „Ich bin froh, dass du in der Klasse bist."
- Es gibt Schülerinnen und Schüler, denen es erfahrungsgemäß schwerfällt, Komplimente in Worte zu fassen. Daher empfiehlt es sich, Satzanfänge (für alle gut sichtbar) aufzuhängen (Beispiele siehe Formulierungshilfen auf S. 108). Diese können die Lernenden nach Bedarf nutzen und sinnvoll beenden.
- Besprechen Sie im Vorfeld auch, dass jede Person Stärken besitzt und dass dies das falsche Forum ist, Mitschülerinnen und Mitschülern negative Rückmeldungen zu geben. Jede und jeder in der Klasse braucht Lob und Zustimmung – und das ist Sinn und Zweck dieser Übung.
- Sammeln Sie die beschriebenen Regentropfen ein und lassen Sie diese von zwei Schülerinnen und Schülern vorlesen. Achten Sie darauf, dass in dieser Phase alle Lernenden ruhig und aufmerksam zuhören, damit die lobenden Worte in voller Gänze gehört und wahrgenommen werden können. Weitere freundliche Kommentare können von den Feedbackgebenden ergänzt werden.
- Stecken Sie alle Regentropfen in einen Umschlag und überreichen Sie diesen der feedbacknehmenden Person. Im Anschluss daran wird die nächste Person ausgelost, die in der Woche darauf den „warmen Regen" erfahren darf.

Warmer Regen

Tipps und Hinweise

- Die Schülerinnen und Schüler freuen sich, ihre Komplimente mit nach Hause nehmen zu dürfen. Sie können daher einen besonders schönen Umschlag wählen, um die Wertschätzung noch weiter auszudrücken.
- Der „warme Regen" eignet sich auch als individuelles Schülergeschenk, als Motivationshilfe oder als Trostpflaster.
- Geben auch Sie als Lehrkraft ein schriftliches Kompliment ab. Dies freut jede und jeden Lernenden und kann durchaus das Wir-Gefühl in der Klasse steigern.
- Sie können die beschriebenen Wassertropfen auch eine Woche lang gut sichtbar im Klassenzimmer aufhängen und dann die Komplimente an die Adressatin oder den Adressaten zurückgeben.
- Der „warme Regen" kann auch als Morgenritual oder – wenn Ihnen der tägliche oder wöchentliche Einsatz zeitlich zu umfangreich ist – an Geburtstagen eingesetzt werden.
- Die Formulierungshilfen (siehe unten) können Sie zum Beispiel an einem gebastelten Regenbogen (Beispiel siehe Kopiervorlage S. 110) im Klassenraum aufhängen. Dazu empfiehlt es sich, die Vorlagen zu laminieren und die Regentropfen mit Schlüsselringen zu befestigen.
- Neben den von Ihnen vorgegebenen Formulierungshilfen können die Feedbackgebenden auch eigene Satzanfänge ergänzen.
- Erfahrungsgemäß verweigert sich keine Schülerin und kein Schüler dieser Übung, denn letztlich kommen alle in den Genuss des „warmen Regens".
- Diese Rückmeldung ist sowohl in der Primarstufe als auch in weiterführenden Schulen gut einsetzbar. Kraftquellen im Alltag tun gut. Oft werden gute Leistungen eher als selbstverständlich angesehen. Doch wir sollten unseren Schülerinnen und Schülern sagen, wenn sie etwas gut gemacht haben.
- Durch ein Lob werden Endorphine (körpereigene Opiate) ausgeschüttet. Daraus entsteht nicht nur eine hohe Motivation, sondern auch eine ehrliche Leistungsbereitschaft.

Formulierungshilfen:

- Ich mag dich, weil ...
- Ich finde toll, dass du ...
- Du bist eine gute Freundin/ein guter Freund, weil du ...
- Du bist ein toller Mensch, weil ...
- Du hast mir eine Freude bereitet, als du ...
- Ich bin froh, dass du in meiner Klasse bist, weil du ...
- Du kannst stolz auf dich sein, weil du ...
- Dein Verhalten hat sich gebessert, weil ...
- Ich wollte dir schon immer sagen ...
- Mir gefällt an dir ...

Warmer Regen (1/2)

Warmer Regen (2/2)

Quellen und weiterführende Literatur

Hattie, John A. C. (2009): Visible Learning. A synthesis of over 800 meta-analyses relating to achievement. London und New York: Routledge.

Hattie, John A. C.; Beywl, Wolfgang (Hrsg.); Zierer, Klaus (Hrsg.) (2014): Lernen sichtbar machen für Lehrpersonen. Baltmannsweiler: Schneider Hohengehren.

London, Manuel (1997): Job Feedback: Giving, Seeking and Using Feedback for Performance Improvement. New Jersey: Lawrence Erlbaum Associates, Inc.

Müller, Frank (2014): Ideenpool Differenzierung. Alltäglicher Umgang mit Heterogenität 2. Schwalbach: Debus Pädagogik Verlag.

Müller, Frank (2014): Methodenbuch Differenzierung. Alltäglicher Umgang mit Heterogenität 1. Schwalbach: Debus Pädagogik Verlag.

Müller, Frank (2016): Selbstständigkeit fördern und fordern. Handlungsorientierte und praxiserprobte Methoden für alle Schularten und Schulstufen. 5., vollständig überarbeitete Auflage. Weinheim und Basel: Beltz.

Müller, Frank (2018): Praxisbuch Differenzierung und Heterogenität. Methoden und Materialien für den gemeinsamen Unterricht. Weinheim und Basel: Beltz.

Müller, Frank (2023): Praxismaterial Zuhören. Klasse 1–4. 50 handlungsorientierte Methoden. Übungen und Spiele zum Hörverstehen. Mülheim an der Ruhr: Verlag an der Ruhr.

Müller, Sandra (2022): Kreative Lernarrangements. Wege zu einem motivierenden und zielführenden Unterricht. Weinheim und Basel: Beltz.

Wellenreuther, Martin (2005): Lehren und Lernen – aber wie? Empirisch-experimentelle Forschungen zum Lehren und Lernen im Unterricht. 2. Auflage. Baltmannsweiler: Schneider Hohengehren.

Wilkening, Monika (2013): Selbst- und Partnerevaluation unter Schülern. Lernwege individualisieren – Kompetenzen steigern. Weinheim und Basel: Beltz.

Zehm, Stanley J.; Kottler, Jeffrey A. (1993): On being a teacher. The Human Dimension. Newbury Park: Corwin Press, Inc.

Platz für Notizen